절망의 유토피아

절망의 유토피아
내셔널리즘과 천황제로 본 현대 일본

초판 1쇄 발행 2021년 11월 12일
지은이 오구라 도시마루
옮긴이 김지영
펴낸이 김선기
펴낸곳 (주)푸른길
출판등록 1996년 4월 12일 제16-1292호
주소 (08377) 서울시 구로구 디지털로 33길 48 대륭포스트타워 7차 1008호
전화 02-523-2907, 6942-9570~2
팩스 02-523-2951
이메일 purungilbook@naver.com
홈페이지 www.purungil.co.kr
ISBN 978-89-6291-937-0 93340

절망의
유토피아

내셔널리즘과 천황제로 본 현대 일본

『절망의 유토피아』는 오구라 도시마루 교수가 퇴임한 이후에 그동안 연구자 또는 사회 운동가로서 저술해 왔던 글을 엄선하여 묶어 낸 에세이집이다. 에세이집이라고는 하지만 수록된 글은 블로그 형식의 글에서 논문 형식의 글까지 그 형식이 매우 다양하다. 원저의 분량이 1200페이지를 넘고 그 안에는 이 책에서 번역한 내셔널리즘과 천황제 이외에도 노동, 문화, 미술, 감시, 자본주의, 페미니즘, 탈원전에 대한 글이 담겨 있다.

2019년 여름에 열린 한일 교류 세미나의 저녁 식사 자리에서 오구라 교수님의 책을 번역해 보라는 제안을 받은 것이 이 책을 번역하게 된 계기이다. 번역에 대한 제안을 저녁 식사 자리에서 오고가는 가벼운 농담 정도로 생각했던 나는 식사 며칠 후에 오구라 교수님이 우편으로 보내 주신 두꺼운 원저를 받아 들고 고민이 깊어졌다. 복잡한 마음으로 머리말과 차례를 몇 번이고 읽어 보았고 이 책 안에 매우 다양한 주제의 글이 들어 있다는 점과 그 가운데 평소 내가 관심을 가진 주제에 대한 글이 여러 편 실려 있다는 것을 발견했다. 나는 오구라 교수님께 내가 관심을 가지는 주제를 중심으로 발췌 번역을 해도 괜찮은지 여쭤보았고 흔쾌히 발췌 번역을 허락해 주신 덕분에 번역 작업이 이루어질 수 있었다.

일본에 대해 어느 정도 관심이 있는 사람이라면 일본에 관한 연구물이나 대중 서적에서 전전戰前·전후戰後라는 표현이 상식처럼 쓰인다는 것을 알고 있을 것이다. 나 역시 일본에서 유학 생활을 하면서 전후 일본이라는 표현을 별생각 없이 사용해 왔다. 하지만 한국에 돌아와 일본 연구자가 아닌 사람들과 일본에 관한 대화를 나눌 때나 학교에서 일본과 관련된 과목을 개설하여 학생들에게 가르치기 시작한 이후부터 이러한 구분법이 얼마나 이해하기 어려운 것인가에 대해 실감하게 되었다.

역사 속의 수많은 전쟁이 있었음에도 불구하고 왜 전후라는 표현에서 말하는 전쟁은 제2차 세계대전이어야 하는가? 이것을 이해하고 설명한다는 것은 결국 일본의 근대 이후의 흐름을 설명해 내는 것과 같은 것이었다. 여기에는 일본의 근대화와 천황의 신격화라는 기묘한 궁합과 제2차 세계대전 이후에 지속되었던 천황제에 대한 설명도 덧붙여져야 했다. 일본의 근대, 천황제, 제2차 세계대전, 현대의 일본을 설명하는 서적은 수도 없이 많지만, 이 모든 요소를 역사적인 사건으로 다루는 것에 그치지 않고 현대 사회와 연결 짓고 그 작동 방식을 분석하고자 하는 대중 서적은 그렇게 많지 않다.

오랫동안 반천황제 운동을 전개해 온 오구라 교수의 글은 이 점에서 여타 서적과는 다르다. 그는 천황제를 역사적 산물로 보는 것이 아니라 일본 사회에 작동하고 있는 시스템으로 바라보며 천황제가 일본과 일본인이라는 개념을 어떤 형태로 고정시켜 왔는지, 그리고 그러한 고정적인 이미지가 지금 어떤 형태로 바뀌려고 하는지에 대해 이야기한다. 오구라 교수의 전공이 경제학이기 때문에 천황제에 대해서도, 일본인다움을 드러내는 내셔널리즘에 대해서도 관념에 그치지 않는 해석을 내놓을 수 있다고 본다.

이 책은 그동안 출판되었던 일본과 일본인에 대한 서적의 빈 구멍을 메우는 역할을 한다고 생각한다. 한국에서 소비되는 일본이 다양해지고 있는 것은 사실이지만 이 책은 현대 일본 사회, 일본인이라는 개념과 절대 분리할 수 없는 천황제의 역할을 어렵지 않게 설명하고 있다는 점에서 주목할 만하다. 일본을 이해하고 싶은 대중과 일본을 연구하는 학자들에게 새로운 시각을 던져 줄 수 있는 책을 번역할 수 있게 된 것에 감사한다.

번역에 있어 책에 사용된 전전 및 전후라는 단어는 모두 제2차 세계대전 이전과 이후라는 표현으로 바꾸었다. 이를 통해 전전 및 전후라는 단어에 익숙하지 않은 대중이 명확한 시기를 인지하면서 글을 읽을 수 있도록 돕고자 하였다. 또한 가독성을 높이기 위해 번역 과정에서 문단을 나누는 작업도 병행하였다. 이 모든 부분을 양해해 주시고 책을 번역할 수 있도록 해 주신 오구라 교수님께 깊이 감사 드린다. 그리고 좋은 출판사를 소개해 주시고 출판과정을 도와주신 두 분의 은사님, 서울시립대학교 도시사회학과의 남기범 교수님과 장원호 교수님께 감사드린다. 마지막으로 푸른길의 김선기 사장님과 편집을 맡아 주신 편집자님께 감사 드린다.

전농동 연구실에서

김지영

2021년 9월 16일

이 책에 수록되어 있는 글은 모두 코로나19 사태를 경험하기 이전에 쓴 것이다. 따라서 최근 일본의 동향을 정리하는 것으로 머리말을 갈음하고자 한다.

역사적 관점에서 볼 때 2021년은 코로나19라는 단어로 기억될 것이다. 그러나 일본은 조금 상황이 다르다. 세계 규모의 팬데믹이 일어난 시기에 올림픽을 치른 나라이기 때문이다. 일본은 굉장한 환희와 미증유의 위기를 동시에 경험했다. 그것도 의도적으로 말이다. 이러한 두 가지의 '예외적 상태'를 통해 사회를 통제하는 메커니즘과 사람들의 행동을 억제하고 감시하는 경향이 점점 심해지게 되었다.

일본 정부는 올림픽 개최를 계기로 정보 커뮤니케이션 기술(ICT)을 구사하는 시큐리티 대책을 도입하였다. 2015년, 올림픽 유치가 결정된 시점부터 올림픽위원회는 NEC와 스폰서 계약을 체결하였다. 계약의 주요 내용은 NEC의 안면 인식 기술을 경기장과 관련 시설의 입장객 감시에 사용하는 것을 포함한 감시 기술 제공이었다. 같은 시기에 경찰청은 해외의 군사 기술을 도입하였고 생체 인증을 포함한 기술을 탑재한 기구를 활용하여 도쿄 연안 지역을 총체적으로 감시하는 체제를 구축하였다.

　이러한 기술의 도입은 테러 대책이라는 명분으로 정당화되었다. 일본 국내를 중심으로 30여 개 이상의 시민 단체가 연대하여 안면 인식 기술 도입 반대에 대한 서명을 제출하였으나 대부분 대중과 언론의 관심을 받지 못했다. 역사의 교훈에 따르면 올림픽을 계기로 도입된 기술과 제도는 올림픽이 끝난 이후에도 사회의 인프라로 정착해 왔다. 이번에 도입된 기술도 그 수순을 밟을 가능성이 크다.

　코로나19 팬데믹 상황에서 세계 규모로 활용된 감염 방지책의 하나로 감염자와 밀접 접촉자를 추적하는 애플리케이션 개발을 들 수 있다. 구글과 애플이 제휴하여 애플리케이션의 개발에 나섰다. 또한 그 이외의 기업 역시 다양한 추적 애플리케이션을 개발하기 시작했다. 그러나 다른 여러 국가와 마찬가지로 일본에서도 이러한 애플리케이션의 실제 사용 실적은 예상치를 밑돌아 충분한 효과를 발휘하지 못했다.

　추적 애플리케이션에 대해서는 세계 각국의 프라이버시 단체의 비판이 끊이지 않았다. '위기'를 구실로 개인의 프라이버시에 관련된 행동과 의료 데이터 등을 기업이나 정부가 수집하여 관리하는 것에 대한 비판뿐만 아니라 이러한 추적 애플리케이션의 기술이 다양한 용도로 전용 가능하기 때문에 경찰이 탄압의 수단으로 사용할 수 있다는 문제점도 표명되었다. 그러나 이러한 실험은 이번의 '실패'를 교훈 삼아 앞으로 더욱 실효성 있는 애플리케이션 개발을 촉진하게 될 것이다.

올림픽과 코로나19라는 전혀 다른 두 사건이 갖는 공통점은 ICT를 이용하여 사람들의 행동을 억제한다는 점이다. 컴퓨터 이전의 시대에 사람들은 익명의 집단이었다. 즉, 대중으로서 제재하는 방법 이외에 제재 방법이 없었다. 이는 정보처리능력에 한계가 있었고 사람들을 개별로 인식하여 통제할 수 있는 정보처리능력이 없었기 때문이다.

컴퓨터를 통해 정보처리능력이 비약적으로 발달하게 되면서 데이터 해석의 대상은 익명의 집단에서 식별 가능한 개인으로 바뀌어 갔다. 올림픽을 예로 들자면 경기장에 입장할 수 있는 자격을 생체 데이터로 확인할 수 있게 되었고, 코로나19를 예로 든다면 감염자가 어디서 누구와 접촉하였는지에 대해 디바이스의 개인정보 데이터와 연동시켜 파악하는 것이 가능해졌다. 이는 모두 이름을 가진, 식별 가능한 개인을 타깃으로 하고 있다.

개인을 특정하려는 동기는 행동의 예측과 억제에서 찾을 수 있다. 빅데이터에 의한 개인의 프로파일링 구축을 기반으로 하여 개인의 행동을 예측하고 사람들의 행동을 유도하기 위한 기술이 기업과 정부를 통해 도입되기 시작했다. 대테러 전쟁이나 아랍의 봄과 같은 대규모 반정부 운동 역시 이러한 기술의 보급을 촉진시켰다.

이러한 기술의 중심에 생체 정보가 있다는 점이 최대의 문제라고 할 수 있다. 인간에게 있어 평생 변하지 않는 생체 정보와 다양한 데이터를 연결하여 정부와 기업이 이용하고 있는 현재 상황은 프라이버시의 권리를 근본부터 뒤흔들고 있다. 인간의 일생은 100년에 가까워지고 있다. 100년이라는 긴 시간 동안 프라이버시와 인권을 확실하게 확보할 수 있는 법이나 정치 시스템은 존재하지 않는다. 이 사실을 지나치게 경시하고 있는 것은 아닌가 하는 생각이 든다.

⁊☃

근대 자본주의 국가의 메가 이벤트가 갖는 메커니즘은 시장 경제와 국가의 통치 기구만을 염두에 둔 사회 이론만으로 충분히 설명되지 않는다. 시장과 국가 그 어느 쪽에서 보더라도 외부에 존재하면서 필수적인 시스템이 있기 때문이다. 이것이 커뮤니케이션의 회로이다. 상업 미디어는 정보를 상품으로 판매하지 않고 광고와 함께 무료로 배포한다. 정부의 동향도 뉴스 보도에 의해 전달된다. 보도와 광고는 시장의 가치 메커니즘에 의해 수급이 조절되지 않는다. 그러나 이러한 정보의 회로는 자본과 국가에 있어서 불가결한 것이다. 필자는 이 회로를 패러마켓para-market이라 부르고 있다.

전통적인 패러마켓은 과점하고 있는 상업 미디어에 의한 일방적 정보 배포의 회로였다. 국가의 메가 이벤트에 동원되는 것도 이러한 패러마켓을 통해 프로파간다와 정보의 제제가 주어짐으로써 실현된다.

현대 패러마켓은 이러한 구조가 배후로 물러나고 SNS 등 인터넷에 의한 쌍방향 커뮤니케이션이 전면에 등장해 왔다. 쌍방향이 되면서 정부의 지도자와 일반 시민 모두 동일한 정보 발신 플랫폼을 이용하게 되었고 정보 발신력의 격차가 줄어들게 되었다.

그러나 평등으로 수렴되는 것처럼 보이는 인터넷 정보 회로 무대의 뒤편에서는 또 다른 시스템이 기능하고 있다. 이것이 바로 유저를 추적하고 다양한 데이터를 수집하여 해석하는 기술이다. 쿠키를 활용한 맞춤 광고부터 조사 기관이 사용하는 합법 맬웨어malware까지 그 종류도 다양하다. 그러나 이러한 기술의 목적은 시시때때로 카테고리를 분류할 수 있는 유연한 데이터베이스를 구축하는 것과 유저를 프로파일링하여 행동을 예측하고 억제하는 데 있다.

2016년 미국 대통령 선거에서 캠브리지 애널리티카Cambridge Analytica Ltd가 페이스북의 빅데이터를 이용하여 선거 운동에 타깃

광고 수법을 활용한 케이스는 전형적인 예라고 할 수 있고 아랍의 봄을 탄압한 중동 각국의 정부가 사용한 수법도 다른 종류의 개인을 특정한 대량 감시 기술이었다. 물론 지금은 이전보다 고도의 방식이 개발되어 대부분의 사람들이 눈치채지 못하는 방식으로 다양한 국가에서 활용되고 있다.

෨෩

올림픽은 인구의 압도적 다수를 관객으로 하는 이벤트이다. 사람들은 올림픽을 통해 뛰어난 신체란 무엇인가에 대한 문화적 틀을 습득하게 된다. 성별에 따라 능력의 차가 있다는 점, 건강에 이상이 없는 자와 장애인 사이에 차이가 있다는 점, 이것이 사회에서 긍정적인 가치관으로 공유된다. 올림픽으로 상징되는 스포츠 경기는 신체적 차이를 능력의 우열로 재정의하는 장치라고 할 수 있다. 근대 스포츠는 본래 건강한 남성의 신체 경기였다. 젠더의 기준에서 보면 남성이 기준의 축을 이루고 그 주변에 여성이 배치되었다. 장애인은 이와는 전혀 다른 축에 배치되었다. 스포츠 이벤트를 통해 이러한 중층적 구조가 긍정적인 가치, 또는 문화로서 구조화된다. 그러나 이러한 신체의 서열을 정당화하면서 사람들의 마음속에는 차별과 편견의 가치관이 자리 잡게 된다. 이렇게 되면 사람들이 긍정적 가치에 기반을 둔 올림픽을 통해 그 안에 숨겨진 편견과 차별을 이해하는 것은 점점 곤란해지고 만다.

또 하나의 문제는 내셔널리즘이다. 올림픽은 스포츠 경기를 국가별로 겨루는 이벤트이다. 그러나 개인의 신체 능력을 국가의 명예와 연결 지어야 한다는 합리적 근거는 존재하지 않는다. 그럼에도 불구하고 올림픽은 금메달을 딴 운동선수 개인의 자질이 그 국민의 신체적 우위를 증명하는 것과 같은 감정을 만들어 낸다.

선수의 개인적인 능력이 국민이나 국가의 카테고리와 연결되는 구조는 시상대뿐만 아니라 시상식의 의례에 대한 보도가 오로지 자국 선수에게만 초점이 맞추어져 있다는 패러마켓의 회로에 기반을 두고 있다. 이것이 SNS를 통해 다양한 친구와 커뮤니케이션을 거듭하며 점점 정서적으로 프라이빗한 감정에 빠져들도록 한다. 이러한 SNS 행동에 대해 플랫폼 기업은 빅데이터를 수집하여 이 데이터를 올림픽위원회와 스폰서 기업에 공유한다. 이것이 다시 관중에게 피드백되어 사람들의 감정을 통제하기 위한 수단으로 이용된다.

스포츠로 정의되는 신체 행위는 역사적으로 구축된 자본주의적인 신체가 아니다. 성별과 장애 유무에 의한 카테고리도 아니고 보편적이라고도 말할 수 없는 인공적 구축물이다. 그러나 신체에 대한 이와 같은 이해는 패러마켓 안에서 주변화된다.

코로나19도 마찬가지이다. 자신의 신체가 어떠한 상태에 있는지 알기 위해서는 보건소의 지시에 따라야만 한다. 밀접 접촉자나 감염자는 정부의 의료 서비스 기관이 집중적으로 관리한다. 우리들의 커뮤니티나 프라이빗한 인간관계에 기반을 둔 상호부조는 최대한 배제되고 ICT에 의한 감시가 우선된다. 건강과 의료에 대해 자신의 신체가 고도의 교육을 받은 전문가에 의존하는 것을 당연시하는 가치관이 지배적인 가운데 나의 신체는 오로지 정부나 기업에 의해 데이터로 해석되어 일방적으로 진단될 뿐이다. 해석과 진단을 담당하는 프로세스는 블랙박스와도 같다. 이러한 구조가 코로나19를 둘러싼 다양한 음모론을 만들어 내기도 한다.

⅏

인터넷은 양방향의 평등성을 가진 것처럼 보이지만 민주주의적 자본주의의 통치 전략은 동물원보다도 사파리 파크형 통치라고 할 수 있다. 사람들—사파리 파크의 동물이지만—은 주관적으로는 자유롭다고 느끼지만, 실제로는 지배자의 의도에 따라 행동하도록 재촉받고 있다. 이런 의미에서 고도의 심리학적 시스템이라 할 수 있다. 당사자조차 자유와 평등이 진짜인지 가짜인지 구별하기 어렵다.

빅데이터, AI, 5G라는 세 가지 조건을 통해 자본과 국가가 인터넷의 양방향 성격을 통제할 수 있게 되었다. 결과적으로 명백한 헤이트 스피치가 횡행하고 보수적이고 반동적인 정서를 구사하는 포퓰리즘에 가담하는 자들이 증가했다. 이에 따라 인터넷의 대중문화가 구축해 온 양방향의 정서와 커뮤니케이션의 구조는 차별과 편견을 정당화하는 언설의 공간으로 강화되는 것이 아닌가 하는 의구심을 품을 수밖에 없다. 이러한 상황을 전제로 할 경우 민주주의적 합의 형성 속에 존재하는 '조작된 합의'를 식별하는 것이 지금보다 곤란해질 것이다. 동시에 시스템이 만들어 내고 있는 희생자와 피해자를 찾아내는 능력과 권력의 책임을 묻기 위한 투쟁의 힘은 점점 쇠퇴해 갈지도 모른다. 이 책과 관련 지어 본다면 이러한 커뮤니케이션 상황에서 일본의 내셔널리즘과 천황제 이데올로기의 재생산 구조를 해명해 나가는 것이 우리에게 남겨진 과제라고 할 수 있다.

 민주주의를 재구축해 나가기 위해서는 양방향성의 앞뒤에서 우리를 데이터로 처리하여 감시하는, 보이지 않는 손을 배제할 필요가 있다. 근대의 편견과 차별(일본에서는 오로지 내셔널리즘과 천황제를 기반으로 하여 구성되어 있지만)은 자본과 국가의 구조적 산물이고 이를 해결하는 것은 쉽지 않다. 그러나 다른 한편으로 인간 사회가 상호 불신을 전제로 하면 절대 성립될 수 없다는 점도 사실이다.

 여기서 주목해야 할 점은 일본의 내셔널리즘과 천황제 이데올로기와 같이 타자에 대한 불신을 발판으로 하여 '친구들'의 말만 신뢰하는 커뮤니티는 오히려 불신감의 온상이 될 뿐이라는 점이다. 상호 신뢰는 타자에 대한 관용과 환대를 필수 조건으로 해야만 한다.

이를 위한 조건도 양방향의 커뮤니케이션 안에서만 존재한다. 사이버 공간이라는 양방향의 시스템에서 상호 불신과 감시의 기술을 배제할 수 있다면, 사회적 평등에 기반을 둔 자유가 가능한 새로운 사회를 건설하여 민주주의를 재생(또는 창조)할 가능성이 보이지 않을까?

상호 신뢰와 상호 이해를 위한 커뮤니케이션은 언어의 이해를 전제로 한다. 글로벌한 인터넷도 언어의 장벽을 완벽하게 넘을 수 없다. 이런 의미에서 일본어로 쓰인 필자의 저작이 한국어로 번역되는 것은 필자에게 있어 매우 중요하다. 번역을 맡아 준 김지영 교수에게 깊은 감사의 마음을 전한다.

오구라 도시마루小倉利丸

2021년 9월 15일

| 차 례 |

제1장

일본인이라는 수수께끼:
천황제가 만들어 낸 전통과 근대

천황에 관한 인식은 제2차 세계대전 패배를 계기로 크게 변했다. 제2차 세계대전 이전의 천황이 군사적·정치적 권력을 장악한 '현인신現人神'으로 신격화된 존재였다면 제2차 세계대전 패배 이후의 천황은 정치적 실권이 없고 헌법에 제약을 받는 상징으로서의 천황, 신격화가 부정된 '인간으로서의 천황'으로 인식되었다. 이는 감각적으로나 실제적으로 매우 큰 전환이며 제2차 세계대전 이후의 일본 사회를 제2차 세계대전 이전의 천황제 군국주의 사회로부터 구별 짓는 중요한 요인이기도 하다.

이와 같은 전환이 얼마나 큰 것인지에 대해서는 제2차 세계대전 이전에 천황제 지배를 경험한 사람들이 반복적으로 강조하고 있다. 필자처럼 전후에 태어난 세대의 경우 천황이 갖는 제2차 세계대전 이전의 위엄은 구전이나 서적을 통해서밖에 알 수가 없고, 이는 오직 지식으로만 이해되는 모습일 뿐이다. 항상 좌표축의 원점에는 제2차 세계대전 이전의 천황제가 자리 잡고 있고, 그것과 거리를 두고 제2차 세계대전 이후의 상징천황제의 공적과 허물이 언급되곤 한다. 하지만 거리 두기의 방식에 따라 상징천황제를 비판하는 입장도 다양한 뉘앙스를 띠게 된다.

그러나 어떤 입장을 취하더라도 제2차 세계대전 이후의 상징천황제는 제2차 세계대전 이전의 천황제와 일종의 단절에 의해 이어져 있다는 것이 대전제가 되고 있다. 제2차 세계대전 이전의 천황은 정치적·군사적 권력의 정점에 이름으로써 현인신으로서의 신격을 부여받았지만 적어도 제2차 세계대전 이후의 상징천황제에서는 그 점이 부정되었고 여기서 표면상의 단절이 성립한다. 그러나 제2차 세계대전 이전과 이후에 천황제의 제도적 변화가 있었음에도 불구하고 이 변화가 히로히토裕仁(역주: 일본 쇼와 시대의 천황, 1901~1989)라는 한 사람에 의해 이루어졌다는 것은 매우 큰 의미를 지닌다고 생각한다. 이것이 제2차 세계대전 이전과 제2차 세계대전 이후에 이르는 천황제의 연속성을 알기 쉽고 실감나게 표현해 왔다. 히로히토를 볼 때 떠올리는 일본인의 기억 역시 이와 같은 연속성을 틀 안에 두고 있을 뿐만 아니라 제2차 세계대전 이후의 지배층이 그러했던 것처럼 그와 같은 연속성을 긍정적으로 승인하는 것이고

반대로 연속성을 부정하는 것은 상당한 저항에 직면해 왔다고도 볼
수 있다.

그렇다면, 이와 같은 긍정적인 승인의 경우 누가 어떤 것을 승인
한 걸까? GHQ(역주: General Headquarters의 줄임말, 1945년 10
월부터 1952년 4월까지 일본에 있었던 연합군 최고위 사령부)가 천
황제의 존속을 점령 정책의 전략으로서 선택한 것을 보면 GHQ가
연속성을 승인했다는 점은 부정하기 어렵지만 그 배경에는 일본국
민에 의한 승인이 있었다. 그렇다면 승인의 내용은 무엇이었을까?
정치적이고 군사적인 권력을 포기하고 표면상으로는 신격을 포기
한다는 마이너스 계산과 함께 제2차 세계대전 이전의 천황제 형태
가 갖는 제도의 핵심이 부정됨에도 불구하고 여전히 천황이 존속했
다는 것은, 일본국민이 천황을 천황으로서 승인하는 것의 핵심에
천황의 정치적인 성격을 규정하는 부분이 존재한다는 것을 의미하
는 걸까?

상징으로서 천황의 성격을 규정하는 것이 어떠한 이유 때문이라
고 볼 수도 있겠지만 천황을 '일본 국민통합의 상징'으로 규정한 것
은 전후 헌법이다. 결국 승인의 의미는 당시의 압도적 다수가 객관
적으로 역사와 시대의 인식이 어떠하든 주관적 또는 개인사의 측면
에서 종전이라는 엄청난 일을 경험하면서도, 제2차 세계대전 이전
부터 존재했던 '나'라는 인격이 전쟁 이후에도 이어지는 형태로 산

다는 것과 연관되어 있지 않을까? 이러한 연속과 단절 속에서 사람들은 천황을 이해하려고 했던 것이 아닐까?

이 점에 대해 제2차 세계대전 이후의 교육환경에서 자라난 사람은 주권이 국민에게 있고 천황은 일종의 장식물과 같다고 배웠기 때문에 대중매체에서 비춰지는 천황의 모습은 조금 우아한 연예인으로서 격식 있는 기념식의 자리에 얼굴을 비추지만 정치나 권력과는 연이 없이 보이는 덤과 같은 존재였다. 더욱이 그러한 덤의 감각은 가지고 있지만 그것은 문자 그대로 덤으로서 기억 속에만 환기되는 것이기 때문에 일상에서는 대부분 천황을 의식하지 않은 채 10대 젊은 시절을 보냈다. 따라서 어른이 된 나와 같은 인간이 천황을 특별하게 인식한다는 것은 제2차 세계대전 중에 진심으로 천황을 위해 죽어도 좋다고 생각했던 황국소년들과는 매우 다른 수준일 거라 생각한다.

물론 제2차 세계대전 이후의 세대 중에도 천황주의자가 있다. 그러한 천황주의자가 제2차 세계대전 이후의 천황제를 지탱해 왔다면, 이야기는 간단해진다. 하지만 천황제를 지탱해 온 것은 그러한 스스로 천황주의자라고 생각하는 사람들이 아니다. 제2차 세계대전에서 천황을 위해, 국가를 위해 자각적이고 자발적으로 총격전을 치른 사람들이 아니라 오히려 시대의 숙명이기 때문에 치를 수밖에 없었던 사람늘 또는 천황과 스스로 관계없다고 생각했던 사람들이 아닐까? 광적인 천황주의자이든 무관심한 소극적 지지자든 사람들이 공통적으로 가진 감각은 아마도 일본인이라는 감각이었을 것이다. 그렇다면, 이와 같은 일본인이라는 감각 속에 아마도 천황제를 지탱할 수 있었던 수수께끼의 열쇠가 있을지도 모른다.

천황제를 지탱하는 대중의 모습이 만약 앞서 언급한 소극적 지지에 있고, 더욱이 일본인이라는 암묵의 공통성이 그곳에 자리 잡고 있다면, 거기에서 천황제의 강인한 뿌리를 찾을 수 있을지도 모른다. 천황제를 비판하고 부정한다는 의지는 그것이 소극적 부정일 경우 부정이라는 의지를 관철하는 것이 어렵고 부정이라는 현실을 초래할 수도 없다. 이런 의미에서 소극적인 부정은 부정의 본래 의도와 맞지 않는 태도가 될 수밖에 없다. 다시 말해 천황제를 부정하는 것은, 행동으로 드러나는가는 별도의 문제로 두고 담론에서만 다루어질지언정 최소한 적극적인 의지의 표명이어야만 한다.

그러나 그렇기 때문에 소극적인 지지에 의해 지탱되고 있는 천황제의 기반에 걸맞은 대응이 어려워질 수밖에 없다. 그것은 '왜 그렇게 소리 높여 천황제를 반대하지 않으면 안 되는가', '천황제는 제2차 세계대전 이전의 문제를 예외로 하고, 현재의 형태로 본다면, 흠잡고 부정할 정도의 것이 아니지 않은가'와 같은 뜻의 감각에 기반을 둔 비판과는 좀처럼 맞물리기 어렵다. 물론 글리코 카라멜(역주: 일본의 대표적인 밀크 카라멜로 다양한 목재 장난감이 들어 있음)

에서 '덤'을 빼면 글리코 카라멜의 고유성이 사라지는 것처럼 실제로 덤은 중요한 의미를 가지고 있다. 그러나 그것을 의도적으로 중요한(여기서 말하는 중요란, 예를 들어 천황제가 삼권분립이라는 정치제도와 함께 네 번째의 권력기구라는 의미이다) 것으로 보지 않는 구도에 상징천황제의 교묘함이 숨어 있다.

이와 같은 관점이 상징천황제의 무대 뒷면을 아는 사람에게는 매우 싱거운 평가가 될 거라는 것은 필자도 잘 알고 있다. 천황의 장례부터 즉위의 의례까지 일련의 이벤트와 그에 대한 정부, 대중매체, 재계 등의 대응 방식을 볼 때 천황제는 그러한 소극적인 지지가 아니라 가장 적극적인 지지를 받고, 원수로서 대우받고 있으며, 비판과 풍자에 대해서는 여타 정치가들과 비교가 되지 않을 만큼 자주적 규제와 검열이 이루어져 반대운동에 대한 탄압도 강하다. 그럼에도 불구하고 그것이 문자 그대로의 엄격함과 탄압으로는 다루어지지 않는다.

대중매체가 천황에 대해서만 경어를 사용하고, 사람들도 천황 이야기를 할 때에는 앉은 자세를 고쳐가며 경어와 같은 표현을 사용한다['키코 왕자비紀子さま'(역주: 아키히토 천황의 둘째아들의 부인)라든가 '아이가 태어나셨다' 같은 표현이라든가 승하崩御(역주: 한자 그대로 발음은 붕어, 군주가 사망했을 때 쓰는 경어), 폐하와 같은 언어 사용]. 연호도 '헤이세이平成'가 되어 의식적으로 '쇼와昭和'와

25

다른 연호를 사용하지 않으면 안 되는 것도 번거롭다는 차원을 뛰어 넘어 순식간에 정착하였다. 필자의 직장에서도 회의를 하면 자연스럽게 '헤이세이 4년의 개산槪算 요구'라는 단어를 사용하는 사람들이 압도적으로 많다.

사람들은 쇼와와 헤이세이와 같은 시대구분이 천황의 탄생과 죽음에 의해 결정되는 것을 기분 나쁘게 받아들인다기보다 이에 대해 무관심하다고 볼 수 있다. 이것은 참을 만한 수준의 불쾌감에 지나지 않는다. 연호가 합리적이지 않은 것은 확실하지만 그 연호를 사용하는 것으로 인해 사람이 죽거나 다치는 것은 아니기 때문에 원전 사고나 걸프전처럼 사람의 생사와 연관되거나 월세금의 인상과 같이 이해관계와 연관된 문제와 비교해 보면 이것은 명백하게 덤과 같은 문제라고 할 수 있다. 물론 앞서 언급한 바와 같이 덤이라는 지위는 문자 그대로 덤의 기능밖에 하지 못한다는 의미는 아니다. 오히려 덤이라는 지위를 가짐으로서 그 존재에 대한 진중한 논의를 미루게 하고 천황제를 진지하게 부정하는 사람들을 소외시키는 것에 성공하고 있으며 또한 쓸데없는 자금 지출과 사치스러운 씀씀이도 너그럽게 용납되어 왔다고 볼 수 있다.

천황이 덤이 된 것은, 더 말할 필요도 없이 제2차 세계대전 이후부터였다. 덤이라는 표현방식을 조금 더 격조 있게 바꾸어 본다면 '공허한 중심'이라는 표현이 가까울지도 모른다. 천황제를 '공허한 중심'이라고 말한 것은 롤랑 바르트Roland Barthes였다. 바르트는 서구 도시의 특성이 "중심이 진리의 장이라는 서구 형이상학의 역사에 따라, 우리들의 도시 중심은 항상 충실하다."라고 적고 있다. 이와 같은 충실한 중심에는 '사회의 진실'이 존재한다. 이에 비해 도쿄의 경우는 귀중한 역설을 가지고 있다고 하며 다음과 같이 적고 있다.

내가 지금 말하고 있는 도시(도쿄)에는 중요한 역설이 있다. 이 도시에는 중심부가 있지만 그 중심부는 텅 비어 있다. 이 도시 전체는 금지된 중립의 공간을 빙 둘러싸고 있다. 이곳은 나뭇잎 뒤에 숨겨져서 해자로 보호받는 곳이며 아무도 본 적이 없는—말하자면 문자 그대로 그가 누구인지 아무도 알지 못하는—천황이 살고 있는 곳이다. 매일매일 정력적으로 총알처럼 빠르게 달리는 택시들도 이 원형의 공간은 피해 간다. 이곳의 낮은 용마루 장식은 보이지 않는 것을 가시화한 형태인데 신성한 '무(無)'를 숨기고 있다. 현대 사회에서 가장 강력한 두 도시 중의 하나가 이렇듯 성벽과 시냇물, 지붕, 그리고 나무로 이루어진 불투명한 원을 중심으로 만들어져 있다. 그 중앙부는 하나의 사라진 개념에 불과하다. 그것은 권력을 사방에 퍼트리기 위해 존재하는 것이 아니다. 그보다는 오히려 도시 전체의 움직임이 중앙을 텅 빈 상태로 유지하기 위해서 존재한다. 그러기에 주행하는 차들은 끊임없이 돌아가야만 한다. 이런 식으로 상상력의 세계도 하나의 텅 빈 주제를 따라 돌아가기도 하고 다시 되돌아오기도 하면서 둥글게 퍼져 나간다.(롤랑 바르트, 김주환·한은경 옮김, 1997,『기호의 제국』, 민음사, 40-41.)

바르트는 일본의 문화적 전통 속에 언어와 의미를 단념시키는 특수한 양식이 있다고 보며 여기서 황거에 대한 기술도 그러한 분석 틀에서 분석하고 있다. 그렇기 때문에 이러한 기술이 바르트의 일본 사회와 일본 문화 이해의 중심에 있는 것으로 볼 수는 없다. 또한 바르트는 공허한 중심이라는 매우 흥미로운 역설이 성립되는 방식에 대해 해답을 주고 있지 않다. 다시 말하면 진리가 사람들을 모으고 진리를 중심으로 사물의 질서가 새워진다는 관념에서 보면 공허가 중심이 된다는 것은 불가능하지만, 어째서 그것이 일본에서는 가능한가에 대한 대답이 주어져야 한다.

상징천황제의 '상징'은 그것을 제정한 당시의 경위에서 보면 서구적 의미의 '심볼'이 그 틀로 주어졌다고 볼 수도 있지만 사실은 서구의 의미와는 다르다고 생각된다. 서구적인 의미에서 상징은 상징되는 것과의 관계와 그 의미가 명확하다. 예를 들어 십자가는 그리스도교의 상징이지만 거기에는 명확한 교의로서 의미가 포함되어 있다. 상징하는 것과 상징되는 것 사이의 관계가 의미에 의해 이어지고 의미를 둘러싼 투쟁이 성립된다.

이에 반해, 천황이 일본 국민통합의 상징이 되는 경우 천황은 어떤 의미에서 통합을 상징하고 있는가, 이 점을 천황제가 명확히 설명할 수 있는가, 하는 점은 매우 의심스럽다. 다시 말해, 통합의 의미를 천황에 의해 설명할 수 있을지는 매우 의문스럽다. 일반적으로 '일본 국민통합의 상징'이라고 할 경우, 일본 국민의 실체—또는 의미라고 해도 좋지만—가 있고, 이 실체와 천황의 실체가 동일한 수준에서 연결된다고 생각되는 것은 아닐까?

여기서는 일본인의 실체가 천황이라는 직접적인 '일본인=천황'의 등식이 아니라 양자가 공통적으로 제3의 실체를 가진다고 암묵적으로 인식된다. 그러나 이와 같은 제3의 실체에 해당하는 확고한 존재가 있는 것은 아니다. 우리들은 상식적으로 일본인이라는 민족에 그 민족적인 정체성을 보증하는 무언가가 있다고 생각하기 쉽지만 어떤 의미에서 이러한 근거 없는 관념 자체가 이런 실체를 이루고 있다고밖에 볼 수 없다.

'일본인'이기 때문에 쌀밥을 먹는다든지 '일본인'이기 때문에 붓을 사용한다는 등의 표현은 구미의 생활관습과 비교한 것에 불과할 뿐, 많은 아시아인들도 쌀밥을 먹고 붓을 사용한다는 것은 개의치 않는, 그런 수준의 일본인론이 실제로는 많은 것 같다. 벼농사를 짓는 농경민은 세계 곳곳에 많다. 일본인이라는 실체는 없다. 단지 이와 같은 관념을 지탱하는 천황이 있을 뿐이다. 일본인과 천황은 상호 의존적인 관념이고 양자를 지탱하는 실체가 없으며 양자는 허구의 지점에 의해 지탱된 관념이다.

공허한 중심이라는 바르트의 지적은 이런 의미에서 반은 맞지만, 반은 틀린 표현이다. 공허한 것은 중심뿐만 아니라 그 중심을 둘러싸고 있는—또는 이것을 통합의 중심으로 바라보는—공허한 주변이 함께 존재하기 때문이다. 그렇기 때문에 일본인과 천황의 관계는 도너츠와 구멍의 관계가 아니다. 만약 무언가에 반드시 비유하여 설명해야 한다면 도화지에 그린 도너츠를 꼽음으로써 중심이든 주변이든 먹을 수 있는 실체를 갖지 않은 것이라고 하는 편이 나을지도 모른다. 만약 이러한 관점이 타당하다면 천황제 비판이라는 과제는 일본인이라는 정체성을 해체한다는 과제와 불가분하게 이어지게 된다.

이와 같은 과제는 한편으로는 특수한 일본식 과제일지도 모르지만 '일본'과 '일본인'이라는 관념의 형성이 근대 국민국가 일본의 형성과 함께 이루어진 것이라면, 다른 한편에서는 국민국가가 일반적으로 떠안고 있는 근대의 '민족'과 '국민'이라는 관념의 형성과도 이어지게 된다. 예를 들어 베네딕트 앤더슨Benedict Anderson은 『상상된 공동체: 민족주의의 기원과 보급에 대한 고찰』에서 "내셔널리즘은 국민의 자의식 각성이 아니다. 본래 존재하지 않는 곳에 국민을 발명한 것이다."라는 겔너의 말을 인용하면서 "국민이란, 이미지로서 마음에 그려진 상상의 정치 공동체imaged political community이다.

그리고 이는 본래 한정되고 주관적인 것(최고의 의지 결정 주체)으로 상상된다."라고 서술하고 있다.

앤더슨은 종교적인 사고방식이 근대에 와서 후퇴하고 종교가 보장해 온 낙원, 구제, 또는 숙명과 같은 개념 역시 불안정해진 것에 주목한다. 거기서 요청된 것은 운명적인 것을 연속적인 것으로 우연을 유의미한 것으로 세속적으로 변환하는 것이고 이것을 담당한 주체가 국민이라는 만들어진 관념이었다고 서술하고 있다. 앤더슨은 "우연성을 숙명으로 바꾸는 것, 이것이 내셔널리즘의 마술이다." 라고 언급하면서 국민이라는 개념의 형성에 중요한 역할을 한 것이 통속 언어와 인쇄언어라는 점을 들어 '인쇄 자본주의'를 강조한다. 라틴어와 같이 성직자와 일부의 지식인밖에 이해할 수 없는 언어가 아니라 대중이 이해할 수 있는 언어가 인쇄 미디어로서 대량으로 유통되는 구조가 상상의 공동체라고 할 만한 것을 만들어 냈다는 것이다.

의례는 고요한 혼자만의 공간에서 두개골 귀퉁이에서 수행된다. 그럼에도 교감에 참여하는 자 각각은 자신이 수행하는 의례가, 그 존재에 대해서는 그가 확신하고 있으나 그 정체에 대해서는 어렴풋한 실마리조차 갖지 못한 수천(또는 수백만)의 다른 이들에 의해 동시에 복제되고 있다는 것을 잘 알고 있다. 나아가 이 의례는 달력을 따라 매일 또는 반일의 간격을 두고 끊임없이 되풀이된다. 역사의 시계에 맞추어 흘러 가는 세속의 상상의 공동체를 이보다 더 생생한 모습으로 그릴 수 있을 까? 동시의 신문의 독자는 지하철이나 이발소, 사는 동네 등에서 자신 이 읽는 신문과 똑같은 복제품들이 소비되는 것을 관찰하면서, 상상된 세계가 일상의 삶에 가치적으로 뿌리박혀 있다고 잇따라 안심하게 된 다.(베네딕트 앤더슨, 서지원 옮김, 2018,『상상된 공동체: 민족주의의 기원과 보급에 대한 고찰』, 도서출판 길, 65-66.)

천황제를 설명하는 하나의 방법으로서 앤더슨의 관점은 참고할 만하다. 일본의 근대화 가운데 일본인은 '일본인'이 되었고, 그렇게 되기 위한 핵심에 천황이 자리 잡고 있다. 이러한 근대천황제 이전 에 '일본인'이라는 국민개념은 성립하기 어려웠다. 천황이 있었다고 하더라도 그것은 대중의 일상생활에서 중요한 위치를 차지하고 있 지 않았다. 물론 덤의 위치도 차지하지 못했다. 이렇게 성립한 국민 개념에서 일본인은 자타의 구별을 인식하기 시작한 것이 아닐까?

일본인이라는 개념이 단순한 국적개념이 아니라는 점이 바로 이 점을 나타낸다. 일본 국적을 가지고 있더라도 명확하게 외견이 외 국인으로 보이는 사람은 외국인이다. 또한 일본에서 태어나 일본 식 이름을 사용하고, 일본어밖에 사용하지 못하는 재일조선인 2세, 3세는 그들이 조선인이라고 알려진 순간부터 조선인이 된다. 여기서는 언어와 피부색, 문화적인 배경이 민족의 차이를 결정하는 요소가 되지 못한다. 일본계 미국인은 성립하지만 미국계 일본인은 성립하지 않는다. 일본인이라는 개념은 정치적 사회적인 틀(그리고 경우에 따라서는 문화적인 틀 역시)을 뛰어 넘는 상상의 공동체와 관련되어 있다. 이것은 고대 촌락 공동체 등으로 거슬러 올라감으로써 이해되는 것도 아니고, 오히려 전혀 반대로 이 열도가 근대국가로 둘러싸여 일본이라는 틀을 자각하게 된 것에 기인하는 매우 새로운 현상이다. 그렇기 때문에 지배자들은 연속성과 전통에 집착함으로써 마치 근대 이전의 무언가와 연결되는 이야기 속에 정통성을 찾아보고자 노력하고 있는 것이 아닐까?

만약, 천황제라는 것이 근대국가의 형성 과정에서 발명된 국민통합의 장치라고 한다면, '근대 이후=포스트모던'으로의 돌입은 천황제에 있어 하나의 도전이 될지도 모른다. 사실은 그렇게 역사도 전통도 없는 제도가 있는 척을 하고 있기 때문에 무리가 따르고 있는 것처럼 보인다. 이는 반대로 공허한 중심을 유지하기 위해 좀 더 견고한 벽을 만들어 가는 것으로 이어질 위험성을 가지고 있지만 또한 일본인이라는 허상의 공동성을 무너뜨리는 다양한 조건을 획득할 수 있는 기회이기도 하다.

출전: 『impaction』 72호 1991년

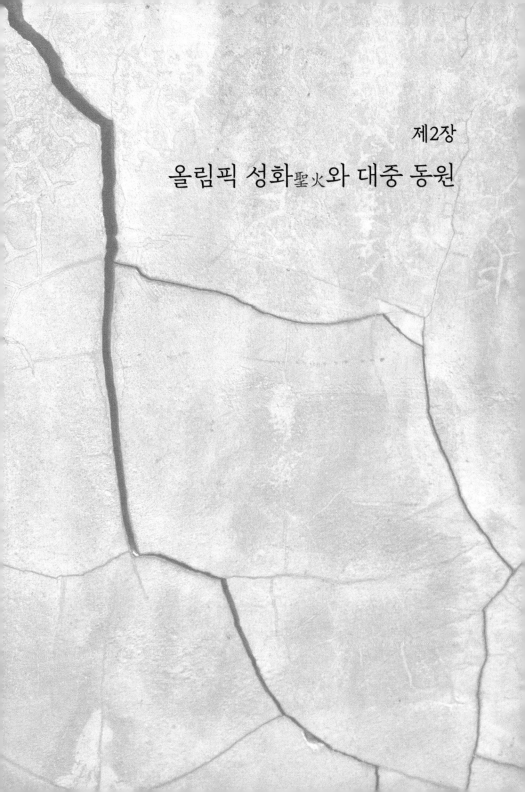

제2장

올림픽 성화聖火와 대중 동원

올림픽을 비롯한 국제적 스포츠 경기는 왜 국가별로 승패를 겨루고 승자가 속한 국가의 국기를 게양하며 국가를 연주하는 승리 의식을 거행하는 걸까? 우리에게 너무나 당연한 스포츠 경기의 의례 풍경은 관중의 민족적 정체성national identity을 확인하는 의례라고 해도 과언이 아니다. 이런 관점에서 본다면 올림픽은 관중을 동원하기 위해 기획된 이벤트라고 할 수 있다. 올림픽 경기 그 자체는 선발된 스포츠 선수들이 국가별로 경쟁하며 진행되기 때문에 경기에 참가하지 않는 많은 사람들은 관중이라는 수동적입 입장에 놓이게 된다. 이에 반해 올림픽 경기에 포함되어 있는 다양한 행사 중에는 관중이 주역의 위치를 차지하는 장치도 포함되어 있다. 즉 성화를 둘러싼 일련의 행사는 그 규모와 동원의 방식을 볼 때 올림픽 경기에서 대중을 동원하는 중요한 행사라고 볼 수 있다.

성화가 근대 올림픽에 등장한 것은 1936년 나치 독일 시절에 개최된 제11회 베를린 올림픽부터였다. 나치 참모 본부는 성화 봉송 코스를 군사 침략을 위한 루트 조사의 방편으로 이용하였다. 그러나 제2차 세계대전 이후 일시적으로 성화 봉송 폐지론이 등장했음에도 불구하고 성화 봉송은 정치적이고 군사적인 의도가 무시된 채역으로 평화의 상징으로 포장되어 지속되어 왔다. 예를 들어, 1962년 당시의 조직위원회 사무총장이었던 다바타 마사지田畑 政治(역주: 1898~1984, 일본의 교육가 및 신문 기자, 수영지도자)는 올림픽 도쿄대회의 조직위원회 회보에서 성화에 대해 다음과 같이 기술하고 있다.

베를린 올림픽이 치러진 당시는 히틀러 전성기로 국위선양에 주안점을 두고 독일의 재원·과학·예술 모두가 투입되었다. 그러나 베를린 대회를 실제로 운영했던 것은 히틀러가 아니라 스포츠 철학자인 칼 딤 Carl Diems(역주: 1882~1962, 베를린 올림픽 사무총장, 육상선수, 체육 행정실무가, 저널리스트)으로 그는 도쿄 올림픽에 대해 나의 입장과 같은 입장을 가지고 있었고 그의 생각은 베를린 올림픽을 통해 실현되었다. 그의 가장 큰 공적은 처음으로 올림픽의 불을 베를린 경기장까지 지상을 달려 운반하도록 한 것이다.(1962, 「대회의 상징」, 다바타 마사

지 편, 『도쿄올림픽』, 올림픽도쿄대회 조직위원회, 1962년 2월 25일
호.)

여기에는 정치와 스포츠의 관계에 대한 진부하지만 그렇기 때문
에 오히려 반쯤은 이해되는 정치와 스포츠 사이의 암묵적인 협조관
계가 표명되어 있다. 다바타는 올림픽이 정치적인 면에서 국위선양
이 될 것이라는 것을 인정하면서도 '그러나'라는 접속어를 사용하
여 형식적으로는 정치적인 문맥을 스포츠의 문맥과 단절시키고 있
다. 이것은 수사rhetoric에 불과하다. 말할 것도 없이 스포츠 경기를
치를 수 있는 최선의 조건을 갖춘다는 것과 국가적 관여, 정치적 조
절, 대중적인 동원은 뗄 수 없는 관계이기 때문이다. 이것은 성화에
서 명확하게 나타난다. 상화 그 자체는 올림픽의 스포츠 경기와 아
무런 관계가 없다. 올림픽과 아무런 관계도 없는 성화가 본래 중요
한 의미를 갖는 것처럼 의미 부여가 되었고 개막식과 폐막식의 의
례의 중심을 차지하는 올림픽의 상징이 되었다. 이러한 일련의 서
사에 정치적인 장치가 숨어 있다.

ଔଔଔ

1964년에 개최된 제18회 도쿄 올림픽의 성화는 어떻게 준비되었
을까? 국외 루트는 베를린 대회의 성화 루트를 고안했다고 알려진

칼 딤Carl Diems이 주장한 실크로드설도 제안되었으나 이는 국제정
세로 봤을 때 불가능할 것으로 판단되었다. 성화의 루트에 대해서
는 가능한 육로를 이용하려는 희망이 강했던 것으로 보이며 1961년
부터 반년에 걸쳐 『아사히신문朝日新聞』이 여섯 명의 조사단을 조직
하여 성화의 육로 코스를 조사하기도 하였다. 그러나 육로의 경우
"복잡한 대중동, 아시아의 정치 정세, 사막을 넘어 정글을 지나지 않
으면 안 되는 등 곤란을 각오하지 않으면 안 된다"(앞의 책)는 의견
이 일찍부터 제기되어 상공의 루트가 유력해졌다.

그러나 상공의 성화 루트가 문제없이 결정된 것만은 아니다.
1962년 8월에 성화 봉송 특별 위원회에 의한 대강령이 조직위원회
에서 결정되었다. 이 강령에 따르면 아테네에서 상공으로 19개국
23개 도시를 돌아 오키나와에서 일본 본토로 오는 안을 기준으로
했을 때 예산은 총 1억 3500만 엔이 소요된다는 결과가 나왔다. 그
리고 '사용하는 비행기는 되도록 국산 비행기가 바람직하다'는 의견
이 제출되어 YS11(역주: 일본에서 제작한 여객기로 1964년에 일본
정부의 승인을 받아 2006년까지 국내선으로 운항함)이 물망에 올랐
고 YS11을 사용하기 어려울 경우 해상자위대가 보유한 P2V(역주:
미국 록히드 사Lockheed Corporation가 제작한 해양 군용기)를 사용
하는 것으로 안이 마련되었다.

이를 포함하여 성화의 국외 루트에 대한 자위대의 협력이 당초의

계획에서는 매우 적극적으로 주장되기도 하였다. 나치의 성화에 포함된 군사적 의미를 떠올린다면 이러한 자위대의 활용은—조직위원회의 의도가 어떠하든—자위대 고유의 의미 부여와 임무를 이끌어 내는 것이라 볼 수 있다. 그러나 이러한 대강령은 1962년 12월 27일에 정부의 요구로 인해 수정되었고 조직위원회 회보에 게재되어 있는 회의록에는 다음과 같이 기록이 남아 있다.

성화 봉송의 계획안은 마츠자와松沢 사무차관, 후지오카藤岡 경기부장이 발표했다. 후쿠나가福永 위원은 이에 대해 ① 경비가 지나치게 많이 든다 ② 봉송을 하는 국가에 이스라엘, 북한이 포함되어 있지 않은데 국제정세를 좀 더 고려해야 한다는 발언이 있었다. 도쿠야스德安위원 (총무장관) 역시 정부와 계획에 대해 논의해 달라는 발언을 하여 계획안을 재검토하게 되었다.(앞의 책, 1963년 2월 25일호)

결국 국외 코스가 축소되어 12개국 12개 도시를 지나게 되었고 운송기 역시 일본항공의 더글러스 DC6(역주: 미국의 맥도넬 더글러스사McDonnell Douglas에서 제작한 중거리용 프로펠러기)을 전세기로 사용하는 것으로 계획이 변경되었다. 국제정치상 이스라엘과 북한을 어떤 형태로 처리해야 하는가가 문제시되었다. 자위대가 보유한 비행기를 활용하는 것과 국산 여객기를 이용한다는 계획 역시 올림픽이 어떤 의미에서 국가적 위신을 표명하는 장이 되고 있는가를 명확하게 보여 주고 있다.

한편 국내 루트 원안에 대해서도 1963년 3월 28일 조직위에서 JOC Japan Olympic Committee(일본올림픽위원회)가 이견을 표명하여 결정 과정이 평탄하지 못했다. 이견의 구체적인 내용은 당시 회보에 게재된 기사를 통해 유추할 수밖에 없으나, 아무튼 최종 결정은 국내를 4 코스로 나눠 모든 지역都道府県을 빠짐없이 통과하는 것으로 정해졌다. 국내 루트는 각 루트의 기점에 성화를 운송하는 것을 제외하면 모두 육로이기 때문에 어떤 코스로 달리는가에 따라 통과하는 지역과 통과하지 않는 지역의 차이가 두드러진다.

도로나 철도 건설과 비슷하게 성화 유치 경쟁이 벌어지는 것은 상상하기 어렵지 않다. 또한 국내 봉송은 16세부터 20세의 일본인만 가능하다고 명시되어 있는 등 '일본인'이라는 규정이 포함되어 있다. 이러한 '일본인' 규정은 국제 스포츠가 국적과 국가적 위신을 배경으로 한 내셔널리즘을 암묵적인 전제로 하는 이벤트라는 점을 주최 당사자가 당연시한 증거라고 볼 수 있다. 루트에 포함된 모든 지역의 젊은이가 성화를 이어 간다는 명목을 내세우더라도 국적 조건을 건다는 것은 전혀 근거가 없다.

역으로 일본인에게만 성화 봉송의 권한을 줌으로써 일본 열도에 단일민족 색을 입히고 국가 이벤트로부터 외국 국적의 사람들을 배제하는 것을 당연시하는 정치적 의도가 보인다. 언뜻 사소하게 보이는 규정에 의해 단일민족이라는 신화가 포함됨으로써 지역 사회에서 생활하고 있는 외국 국적의 사람들과 일본 국적 사람들 사이에 제도적인 배제, 구별, 차별이 형성되기 때문에 이는 결코 가볍게 바라보면 안 되는 문제라고 할 수 있다.

❧

일본 올림픽 성화의 국내 코스가 결정된 이후 올림픽 개최를 1년 앞둔 시기부터 '성화 코스 국토 미화 국민대행진'이 열렸다. 이는 성화 봉송과 동일한 코스를 성화와 비슷한 봉을 들고 나르는 문자 그대로의 예행연습이라고 할 수 있다. 이는 재단법인 신생활운동협회가 중심이 되어 이루어진 것으로 대행진의 슬로건은 '거리에 쓰레기가 없는 일본', '줄을 잘 서는 일본인', '국민 각층의 시민성과 공중도덕 수준을 높이자' 등으로 대행진에 대한 기록에는 '모두가 힘을 합치면 어떤 위대한 일도 할 수 있을 것이라는 자신감을 갖게 되었다'와 같은 자화자찬이 기록되어 있다. 일본에서는 이러한 준비를 통해 국민이 성화를 시간 스케줄에 따라 운반하는 절차를 자연스럽게 익히게 되고, '부모 자녀의 청소활동', '엄마와 자녀의 꽃 심기 운동' 등 동원을 위한 조직이 만들어졌다. 총 참가자는 600만 명, 각 지역에서 올림픽 전야제가 치러지고 행사의 갈무리로 3월 2일 국립경기장에서 7만 명이 모여 중앙전야제를 치르는 대대적인 행사가 치러졌다.

예행연습이 치러질 때 각지에 있는 신사가 성화를 받아들이는 거점이 된다는 점은 특징적이다(예를 들어 가고시마鹿児島 지역의 데루쿠니 신사照国神社, 미야자키 신궁宮崎神宮이 성화의 숙박 장소를 제공한다). 그리고 전국 각 코스를 달린 성화는 도쿄의 메이지 신궁明治神宮에서 한데 모인다. 실제 올림픽에서는 성화의 기원이 그리스와 관련되어 있기 때문인지 신사가 전면에 대두되지는 않는다. 역으로 예행연습에서는 성화의 의미가 신사의 횃불에 가까운 의미를 가질 수도 있고 풀뿌리 조직의 핵심이 되는 신사가 중요한 동원의 역할을 담당하고 있다는 인상을 받게 된다.

실제 성화 봉송은 어땠을까? 올림픽 경기를 직접 볼 기회가 없는 지방의 경우, 성화 봉송은 유일하게 올림픽 이벤트를 직접 가까운 곳에서 느낄 수 있는 행사였다. 이런 의미에서 성화의 운반과 동원, 이를 둘러싼 지방의 분위기를 어떻게 달구어 갈 것인가가 올림픽의 전국적 열기를 연출하는 데 중요한 전제조건이 되었다고 볼 수 있다.

여기에는 지방의 분위기를 엿볼 수 있는 하나의 예로 필자가 살았던 도야마富山를 소개하고자 한다. 도야마의 지역 신문 『기타닛폰신문北日本新聞』의 기사를 참고로 하면 도야마현은 이시카와현石川県으로부터 성화를 받아 오야베시小矢部市, 다카오카시高岡市, 나메리카와시滑川市, 구로베시黒部市, 아사히초朝日町 등을 통과하여 니가타현新潟県으로 가는 코스가 마련되어 있었다.

이시카와현에서 성화를 받아들이는 오야베시에서는 현을 지나는 경계지역에 환영의 현수막을 걸고 중학교 악단, 초등학생 700명, 도로변의 회사와 상점, 체육협회, 부인회 등 2만 명이 동원되었다. '도로변의 민가, 상점, 회사 모두 국기를 게양했다'(『기타닛폰신문北日本新聞』, 1964년 10월 2일)고 서술되어 마을 전체가 축하 체제를 갖추었다는 것을 알 수 있다. 성화가 통과하는 지자체에서는 이러한 환영 체제를 볼 수 있었는데 도야마시에서는 성화의 도착 시간에 맞춰 중학교 연합 운동회를 개최하였고 회장에는 2만 명이 모여 성화대를 만들어 성화를 분화하는 등 올림픽 개회식을 모방하는 행사가 치러졌다.

또한 현청(역주: 한국의 도청에 상당한 공공기관) 앞 광장에도 2만 명이 동원되어 성화 도착 의식을 거행하고 밤에는 도야마 공회당에 3,000명이 모여 '성화를 맞아들이는 지역민의 모임'을 개최, 다음날에도 출발식이라는 의식을 거행했다. 지역 신문에서는 1,956명에 의해 성화 봉송이 이루어졌으며 이틀간 42만 명의 인파가 모였다고 보도했다. 미디어 보도는 실제 올림픽 행사가 무색할 정도의 화려한 '길거리를 가득 메운 일본국기'라는 머리기사와 지역별 세세한 축하행사, 거리 풍경, 성화 봉송 주자가 된 사람들의 일화 등 문자 그대로 성화 일색으로 채워져 있다. 성화는 이렇게 제2차 세계대전 이후 천황의 전국 행각(역주: 1946년부터 1954년까지 국민을 위로하고 격려하기 위해 진행된 순회로 오키나와현을 제외한 지역이 포함되었음)에 이어 그 이상으로 대중적인 일본 국기와 국가에 접하는 기회를 만들어 냈다.*

છ૮ઝ

앞서 언급한 바와 같이 성화는 우선 오키나와에 상륙하였다. 오키나와에 성화가 유치되는 것은 1962년에 결정되었는데, 여기에는 당시 미국의 통치 아래 있던 오키나와를 일본의 최초 성화 도착지점으로 삼는 것을 통해 오키나와 반환을 위한 여론을 이끌어 내려는

---

* 일본의 문부성은 고등학생부터 사회인을 대상으로 하는 안내서인 「올림픽 독본」 (1963년)에서 '올림픽을 맞이하는 국민의 자세'로 다음과 같이 국기, 국가에 대한 존중을 피력하고 있다.

"다음으로 중요한 것은 국기와 국가를 존중하는 것이다. 어느 국가에서도 한 사람 한 사람이 국기의 의의를 잘 이해하고 국기를 게양할 때에도 바르게 게양하며, 국기를 지나치게 많이 만들어 소홀히 다루지 않도록 하는 등 엄숙한 태도로 대해야만 한다."

여기서는 일부러 '히노마루'나 '기미가요'와 같은 표현이 아니라 국기와 국가라는 일반명사로 표현하고 있으나 대다수의 사람들이 올림픽을 통해 빈번하게 접할 기회를 가진 것이 히노마루와 기미가요였다는 점을 생각하면 여기서 사용한 표현은 실질적으로 히노마루와 기미가요에 대한 의의와 엄숙한 태도를 강조하고 있다고 볼 수 있다.

의도가 확실히 드러난다.

성화가 오키나와에 준 영향은 매우 컸던 것으로 보인다. 오키나와의 성화 루트에 포함된 지역은 히메유리탑ひめゆりの塔(역주: 오키나와 전쟁에서 숨진 소녀부대 여학생들을 기리는 위령탑)등 남부의 전쟁 유적지 일대였다. 성화는 '평화의 불, 전적지에 오다'(『오키나와 타임즈沖縄タイムス』 1964년 9월 8일 석간 1면의 머리기사)라는 표현에서도 알 수 있듯이 평화의 상징으로 바뀌어 갔다. 이것은 히노마루나 기미가요에서 단적으로 드러난다.

성화 운송에 대해서는 오키나와 교직원회 등도 적극적으로 환영하였고, "그날 성화의 오키나와 상륙은 각 가정의 국기 게양을 시작으로 오키나와 전체를 히노마루 일색으로 물들게 했지만 오키나와 전체의 초중고 역시 성화가 지나는 도로변을 히노마루로 장식하려는 준비에 힘썼다"(앞의 신문, 1964년 9월 4일)와 같은 기사가 사진과 함께 크게 게재되어 있다. 그리고 성화 도착 의식이 거행된 오우노야마奧武山 경기장에서 기미가요가 제창되고 히노마루가 게양되었다.

신문 보도 역시 "일본의 현관, 나하那覇공항에 도착했다.", "감격의 기미가요 연주로 히노마루가 게양되었고 기미가요를 듣는 관중석에서는 너무나 감격스러운 나머지 눈물을 훔치는 풍경도 여기저기서 발견되었다."와 같은 기사가 이어지고 있다.

여기서는 오키나와가 일본과의 관계 속에서 고통받은 희생, 오키나와의 독자적인 문화와 같은 것은 온데간데없다. 복귀 이후의 오키나와가 히노마루 기미가요에 대해 기탄없이 비판해 온 것을 감안해 볼 때, 오키나와에 히노마루 기미가요에 대한 충성심을 마음 깊숙한 곳에 감출 수밖에 없었던 사람들이 다수 존재하고 있었던 것은 아닐까? 그렇기 때문에 오키나와의 올림픽 대중 동원은 성화 봉송 및 봉송을 둘러싼 다양한 감정과 위화감을 획일적인 내셔널리즘을 통해 배제하고 섬 전체를 연출하는 과정을 통해 사람들의 복잡한 심정을 억제시키는 성공적 무대장치가 되었다. 이런 의미에서도 도쿄 올림픽을 둘러싼 오키나와의 대중 동원의 문제는 좀 더 자세히 검토해 봐야 할 과제라고 할 수 있다.*

노게野毛의 글**에서도 언급된 것처럼 히로시마에서도 성화는 평화의 상징으로서 연출되었다. 이렇게 10월 9일에 전국을 네 개의 코스로 나누어 운반된 성화는 도쿄에 도착한다. 네 개의 성화는 황거皇居 앞에서 한 데로 모이는 의식을 통해 하나가 된다. 오키나와를

---

* 성화 봉송이 한창 진행되던 때에 미군에 의한 히노마루 파손사건이 발생했다. 이와 함께 히노마루에 열광하는 분위기에 힘입어 당시 미군정이 히노마루 게양을 제한한 것에 대해 저항하며 히노마루 게양의 자유를 요구한 운동도 일어났다. 대표적으로 오키나와교직원회는 저항으로서의 히노마루 게양 운동을 펼쳤다(앞의 신문, 1964년 9월 22일호)
** 노게 카즈키, 「리뉴얼된 히노마루·천황」, 「당신은 올림픽을 시청했습니까?」1998, 사회평론사 수록

출발점으로 정하고 황거를 성화의 집약 지점으로 삼은 정치적 의도는 쉽게 읽어 낼 수 있다. 당일 오후 6시부터 고라쿠엔後樂園 구장에서 전야제가 열린다는 점을 염두에 두면 성화가 모이는 의식은 고라쿠엔 구장에서도 가능하다. 일부러 황거 앞에서 별도의 의식을 치르는 것 자체가 황거 앞이라는 장소에 대한 각별한 의미 부여라고 할 수 있을 것이다.

성화의 코스가 오키나와에서 황거로 이어지는 구성을 갖추고 있다는 점은 중요한 의미를 지닌다. 아이치愛知 문무대신은 성화가 모이는 의식에서 "이 성화는 아시아에 처음으로 들어온 역사적인 불이며 동시에 오키나와의 일본 복귀에 대한 염원이 담긴" 것이라고 연설하였다. 이처럼 성화 봉송은 오키나와의 복귀 운동과 교묘하게 이어져 있었다.

그러나 정부와 조직위원회도 이러한 성화의 루트에 담긴 의미를 대중에게 어필하는 부분에 있어서는 실패하고 말았다. 성화가 오키나와에 도착한 것과 오키나와 현지에서 성화를 환영한다는 보도는 오키나와를 제외한 지역에서 대부분 보도되지 않았고, 황거에서 성화가 모이는 의식에 대한 보도 역시 눈에 띄지 않았다. 이런 의미에서 성화는 각 지방의 동원을 매개로 내셔널한 일체감을 형성하긴 했지만, 천황이나 황실—이를 상징하는 황거—을 히노마루나 기미가요와 연결 지어 국가 의례와 국가 이벤트의 중심적인 무대로서

적극적으로 자리매김하게 하는 데까지는 이르지 못했다.

ॐ

이렇게 본다면 성화는 올림픽의 매우 중요한 대중 동원 장치로서 기능을 담당했다고 볼 수 있다. 더욱이 성화는 단순한 동원의 도구일 뿐만 아니라 올림픽을 둘러싼 전통과 정통성에 대한 픽션을 탁월하게 생산해 내는 절호의 도구이기도 했다. 성화 봉송의 기원은 나치 독일의 베를린 올림픽에서 시작된 것에 불과하다. 그러나 현대의 성화 봉송은 성화의 불을 태양으로부터 얻어 낸 고대 그리스의 의식을 모방함으로써 사람들에게 성화의 의례가 마치 고대 그리스 올림픽의 전통을 근대로 이어 온 것이라는 착각을 일으켰다. 이러한 전통에 의한 정통성 형성은 올림픽이 시대를 초월한 보편적 가치를 가진 것이라고 위장하는 절호의 방법이다. 지금의 올림픽은 정치와 불가분의 관계를 가진 국가적 행사이지만, 올림픽은 이러한 보편성의 서사로 포장되어 국가의 의지를 교묘하게 위장하고 아마추어 스포츠의 최고 행사로 그 가치를 인정받게 되었다.

이를 통해 성화는 동시에 국제적인 환경에서 일본이 갖는 위치에도 정통성을 부여하는 역할을 담당했다. 과거에 아시아 침략과 식민지 지배를 했던 국가들과 제2차 세계대전에서 적국이 된 국가들을 통과하면서 성화는 국제적인 관계를 상징하는 도구로서 기능했다. 국제적인 루트를 결정함에 있어 북한과 이스라엘을 지날 것인 가에 대해 논의하거나 아시아 각국에서 어떤 국가를 통과할 것인가 를 선택하는 논의가 이루어지는 것 역시 성화와 외교가 연결되어 있기 때문이다.

　또한 봉송이라는 의식은 지속, 계승, 연속을 구체적으로 표현하는 것으로서 성화의 코스 그 자체가 하나의 실처럼 이어져 올림픽이라 는 서사와 통합된다. 성화는 이러한 서사를 만들어 내기 쉬운 행사 라고 볼 수 있다. 이러한 이야기의 중심에 도쿄, 그중에서도 황거가 자리 잡으며 국립경기장에 성화대가 놓인 것을 통해 대중의 의식을 올림픽이라는 행사에 집중시키고 거기서 중심적인 역할을 담당하 는 '일본'과 동일화되는 연출이 이루어진다. 이것이 적어도 일본에 사는 많은 일본국민에게 '일본국민'이라는 자각을 반복적으로 환기 하기 위한 조건을 만들어 냈다. 이것은 위로부터 강요되었다는 점 은 드러나지 않은 형태로, 그러나 국가에 의해 교묘하게 연출된 내 셔널리즘의 환기를 위한 이벤트였다고 말할 수 있다.*

---

* 총리부 내각총리대신 관방 홍보실은 '올림픽 도쿄대회에 관한 여론조사'를 대회 시기 와 대회 일정 전후에 3회(1962년 10월, 1964년 3월, 1964년 11월)에 걸쳐 실시하 였다. 그 가운데 '올림픽은 국가와 민족의 힘을 드러내는 것인가? 아니면 선수개인의 기량을 겨루는 것인가?'라는 질문에 대해 국가와 민족의 힘을 드러내는 것이라고 대 답한 비율은 제1회 조사에서 43.0%였으나 대회 일정이 가까워진 제2회 조사에서는 48.9%로 증가하였다. 또한 대회 이후에 실시된 제3회 조사에서는 히노마루에 대한 감정이 올림픽을 통해 바뀌었는지에 대해 묻고 있으며 이에 대해 바뀌었다는 응답이

또한 대부분의 올림픽 경기가 텔레비전을 매개로 하여 경험되는 것에 반해, 성화는 직접 경험할 수 있는 장치라는 점에서도 큰 특징을 가지고 있다. 이런 의미에서 성화는 대중 동원을 조직하는 절호의 장치였다고 볼 수 있다. 이러한 성화의 경험, 이에 대한 지역 미디어의 보도 과열, 이것이 쉽게 달아오르지 않았던 올림픽의 분위기를 크게 달구는 계기가 되었다.

그러나 제2차 세계대전 이후 대중을 동원한 최후의 이벤트가 올림픽 성화였다는 점 역시 언급하지 않으면 안 된다. 도쿄 올림픽 이후 다양한 국가 이벤트가 반복되어 왔으나 동원의 형식은 명확히 바뀌었다. 많은 사람들은 직접 대회장에 발걸음을 옮기는 형태로 동원되던 것에서 가정에 마련된 미디어를 통해 동원되었다. 도쿄 올림픽은 대중 매체를 통한 동원과 직접 동원의 전환점에 위치한 이벤트였다고 볼 수 있다.**

출전: 『당신은 올림픽을 시청했습니까?』 1998년 사회평론사

20%, 바뀌지 않았다는 응답이 72%로 나타났다. 올림픽을 통해 일본인이라는 인식이 새로워졌는가에 대해 묻는 문항도 있는데 이에 대해 그렇다고 응답한 비율이 34%, 그렇지 않다고 응답한 비율이 35%인 것으로 나타났다. 그렇다는 응답의 내용에는 '일본의 힘을 느꼈다.' '애국심을 느꼈다'와 같은 내용이 서술되어 있다. 이 수치는 올림픽이라는 국가 이벤트가 내셔널리즘의 형성에 일정 부분 효과가 있었다는 것을 드러내고 있다. 그러나 이보다 더 흥미로운 것은 올림픽 여론조사를 도구로 이러한 내셔널리즘과 애국심에 대해 묻는 노골적인 질문을 만들었다는 점이다. 이는 당시 정부가 올림픽에 대해 가졌던 속마음을 잘 드러낸다.
** 본문에서는 미디어 자체에 대해서는 언급하지 않기 때문에 추가적인 설명을 간단

히 덧붙이고자 한다. 대중 매체의 기능과 의의에 대해서는 일본방송협회 방송여론조사소가 발간한 「도쿄올림픽」에 상세한 미디어 연구와 각종 여론조사 분석 결과가 제시되어 있다. 이 책의 결론 부분에는 "도쿄 올림픽은 대중 매체를 통해 처음으로 '내셔널'한 규모의 반응을 불러일으키게 되었다."고 서술되어 있으며 32개의 경기장에서 치러지는 경기를 하나의 브라운관이 집약하여 비디오를 이용하여 현실의 시간을 재편집하는 것이 가능해졌고, 이렇게 구성된 올림픽이 "일본인 대부분이 시청할 수 있는 유일한 올림픽 대회였다."라는 점, "대중매체 중에도 텔레비전은 독자적인 올림픽 형상―대부분의 사람들은 텔레비전이 중계하는 올림픽만을 인지하고 평가의 대상으로 삼았다―을 만들어 올림픽을 내셔널 이벤트로서 인식하게 되었다. 그리고 24일 폐막식과 함께 올림픽은 더 이상 대중매체의 소재가 되지 못할 뿐만 아니라 사람들의 흥분 역시 급속하게 식어간다."고 서술하고 있다. 이러한 분석은 타당해 보인다. 대중매체를 통한 동원과 현실의 동원의 관계를 심도 있게 검토해 나가는 것이 향후 과제로 남아 있다.

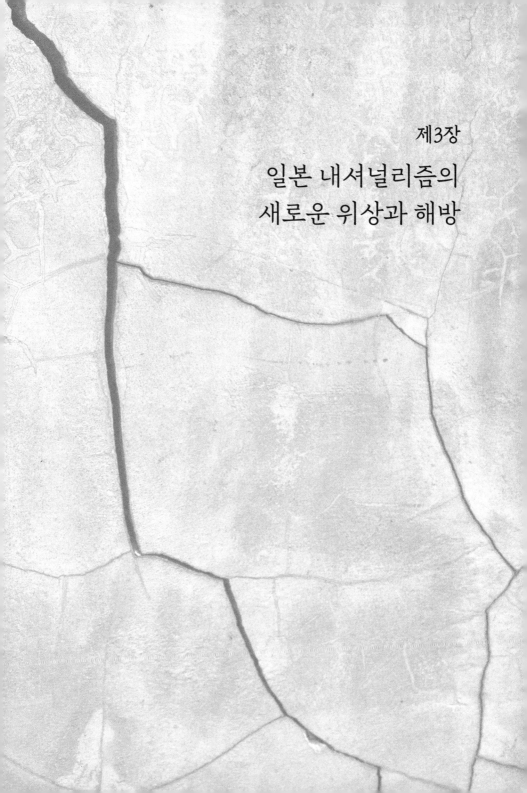

제3장

일본 내셔널리즘의
새로운 위상과 해방

제2차 세계대전 이후 일본에서는 '평화헌법'이라는 틀 아래 침략 전쟁을 긍정하는 전쟁담론의 수사rhetoric가 여럿 만들어졌다. 이 수사는 전후 일본의 국민통합과 내셔널리즘의 재생산을 위해 활용되어 왔지만 개헌이 의제로 떠오르고 정권과 여당 내부의 극우라고 할 수 있는 세력이 큰 영향력을 가지게 되면서 일본의 내셔널리즘은 파탄에 이르게 되었다.

제2차 세계대전 이후 일본의 내셔널리즘 담론을 가장 단적으로 대표하고 있는 것은 매년 8월 15일 '전국전몰자추도식'에서 발표되는 천황의 인사 문구이다.

오늘 '전몰자를 추도하고 평화를 기념하는 날'을 맞아 전국전몰자추도식에 임하면서 세계대전에서 무엇과도 바꿀 수 없는 소중한 목숨을 잃은 수많은 사람들과 그 유족을 생각하면 깊은 애통함이 다시 한 번 몰려옵니다.

종전 이후 벌써 61년, 국민의 헌신적 노력으로 오늘날 우리나라의 평화와 번영의 토대가 세워졌습니다만 고난이 가득했던 지난날을 회상해 보면 감개무량하기만 합니다.

여기서 역사를 되돌아보고 전쟁의 처참함이 다시는 되풀이되지 않기를 간절히 바랍니다. 그리고 전 국민과 함께 전장에 나가 목숨을 잃은 사람들에 대해 깊이 추도하며 세계 평화와 우리나라의 발전을 염원합니다.(2006년)

전몰자를 '무엇과도 바꿀 수 없는 소중한 목숨을 잃은 수많은 사람들'이라고 부르고 추도하면서 제2차 세계대전 이후의 시기에 대해서는 '국민의 헌신적 노력'과 '우리나라의 평화와 번영'이라는 단어를 사용하는 것처럼 천황의 문구는 점점 '국민'과 '우리나라'에 초점이 맞춰져 간다. 그리고 일본의 번영과 평화를 발판으로 세계평화와 일본의 발전을 염원한다는 인사말의 흐름은 매년 변하지 않는다. 이 인사말에서 항상 추도의 대상이 되는 것은 '사람들'이고 제2차 세계대전 이후 일본의 평화와 번영의 주체는 '국민'으로 단어의 사용이 분리되고 있으며 평화와 번영(발전)이 강조된다.

왜 '무엇과도 바꿀 수 없는 소중한 목숨을 잃은' 자들은 '국민'이 아니라 사람들일까? 여기에 명확하게 '천황의 말씀'을 받아들이는 청중을 의식한 정치적 배려, 다시 말해 정치적 수사가 있다. 대다수의 일본인은 사람들을 '일본인' 또는 '국민'으로 해석할지도 모른다. 어쩌면 본래 '사람들'이란 일본인 이외의 타자를 지칭할 수도 있다는 사실조차 인지하지 못할 수도 있다. 대다수의 일본인에게 '일본인'은 사람들이기 때문이다. 그렇기 때문에 대다수의 일본인은 전쟁의 희생자를 '사람들=일본인 희생자'라는 틀로 전쟁을 이해하고 '일본인 전쟁 희생자' 덕에 세계대전 이후에 살아남은 자와 그 자손이 경제적인 번영을 이룩할 수 있었다는 국민의 신화, 제2차 세계대전 이후의 국가가 갖는 정통성을 받아들여 왔다. 그리고 그 신화 위에 평화와 번영(발전)에 대한 사명이 선언된 것이다.

그러나 '국민'과 '사람들'이 짧은 인사말에서 분리되어 사용되고 있는 것에서 알 수 있는 것처럼 '사람들'이 '일본인'이나 '국민'에는 포함되지 않는 자라는 것도 명확하다. 이와 같은 의미에서 '사람들'은 애매한 표현이고 윤곽이 명확하지 않다. 일부러 선명한 형상을 가지지 않도록 흐릿하게 해놓은 것이라 해야 할지도 모른다. 그 결과 전쟁에 대해 일본인이 생각하지 않으면 안 되는 가장 중요한 문제, 전쟁의 희생자에 대한 가해자 문제를 제기하지 않는 구조가 갖춰져 있다.

천황의 인사말은 전사자가 모두 추도의 대상이라는 일반적으로 받아들이기 쉬운 담론을 사용하여 전쟁 책임과 전쟁 범죄와 같이, 일본이 제2차 세계대전 이후에 해결해야만 했던 정치적 과제를 애매하게 만들어 왔다. 동시에 번영과 평화를 강조하면서 일본 사회의 부정적인 측면은 시야 밖으로 배제하고 있다. 자위대와 미군기지 또는 냉전을 통해 아시아에서 반복되어 온 무력 분쟁, 현재의 아프가니스탄과 이라크 전쟁에 일본이 가담하고 있는 문제는 전혀 언급되지 않는다. 자살자의 수가 연간 3만 명을 넘고 빈곤문제가 사회문제화 되고 있는 현실이 있음에도 불구하고 번영이라는 '천황의 말씀'은 이러한 현실이 오히려 문제되지 않는다는 입장을 내비치고 있다. 이처럼 애매하게 정서적이면서도 비정치적인 모습을 띤 표현은 상징으로서의 천황이 전후의 국민통합에 이바지해 온 중요한 이데올로기적 특징이라는 점을 잘 나타내고 있다.

일본의 천황이 정치적 실권을 가지지 않는 상징적 존재가 되면서 천황의 역할은 제2차 세계대전 이후 일본의 대중사회에서 대중의 탈정치화, 번영과 평화라는 말로 대변되는 경제적 풍요와 안정에 초점을 맞춘 내셔널리즘을 재생산하는 것에 있었다. 이런 의미에서 반세기에 걸친 전후 일본의 내셔널리즘이란 경제적 내셔널리즘이었고 '일본' 및 '일본인'으로서 대중을 통합하는 것은 항상 경제를 매개로 실현되어 왔다. 바꿔 말하면 전후 일본의 내셔널리즘은 돈으로 매수된 내셔널리즘, 즉 아시아에서 '일본인'은 풍요를 향수할 수 있는 아시아 유일한 민족을 의미한다는 회로를 통해 작동되어 왔다. 이는 경제적 우월 의식—가장 알기 어려운 형태의 민족차별주의—에 기반을 둔 '일본인'으로서의 통합을 달성하려고 해 왔다. 일본 경제나 일본의 기업과 같은 단어는 당연히 히노마루와 기미가요처럼 내셔널리즘의 언어로는 인식되어 오지 않았지만 실제로는 일본 사회에 물질적인 풍요를 끌어들이는 것 자체가 전후 일본의 내셔널리즘의 핵심을 형성해 왔다.

2차 세계대전 이후에 실시된 상징천황제는 풍요란 무엇인가에 대해 서구풍의 생활양식을 구체적으로 연기하면서 보여 주는 역할을 담당했다. 아키히토(역주: 일본 헤이세이 시대의 천황, 1933~)가 황태자였던 시기의 가족상은 전형적인 서구풍의 상류 계층의 풍요를 드러냈다. 이는 일본의 내셔널리즘이 제2차 세계대전 이전이나 전쟁 중에 가졌던 천황주의 이데올로기나 '귀축미영鬼畜米英'(역주: 영국과 미국을 귀신과 가축으로 칭한 말)과 같은 입장을 버리고 물질적인 풍요와 구미의 가치관 및 생활양식을 선택한 것을 의미한다. 전후 일본의 내셔널리즘은 이렇게 이른바 친미적 내셔널리즘으로 구축되었다. 그러나 지배층이 반미에서 친미로 전향한 것은 총괄적으로 이루어진 것이 아니라 이른바 '국체호지國體護持'(역주: 천황제를 유지하고자 하는 주장과 운동)의 방편으로 선택된 것에 지나지 않았기 때문에 전쟁의 총괄은 이루어지지 않았고 식민지지배와 전쟁 범죄에 대한 책임 역시 애매한 상태로 남게 되었다.

천황은 정치적인 언급을 억제하고 본래 정치적인 과제를 비정치적이고 정서적인 표현과 담론으로 바꾸었다. 전쟁과 평화를 둘러싼 다양한 전후의 담론이 언론과 교육 또는 정치 현장에서조차 정치 문제로 논의되지 못했고, 그 결과 전쟁 책임은 애매한 상태로 희생자의 죽음의 의미도 찾지 못한 채 그들을 하나의 집단으로 추도하는 추상적이고 공허한 평화가 만연하게 되었다. A급 전범(역주: 제2차 세계대전에서 침략전쟁을 기획하고 수행한 사람들로 판명 받은 사람들)을 신사에서 모시는 것에 대한 비판은 희생자의 죽음의 의미를 하나로 볼 수 없다는 데 있다.

전쟁 책임을 애매하게 둔 채 언급되는 평화 개념은 전쟁에 대한 긍정적 의미를 교묘하게 재생산하는 정치적 수사로 기능해 왔다. '지는 전쟁은 해서는 안 된다'는 것과 '어떤 전쟁도 해서는 안 된다'는 말이, 그리고 전쟁 포기와 비무장이라는 뜻의 평화와 미군과 자위대라는 군대에 의해 보호되고 있다는 의미로서의 평화가 함께 동일한 '평화'라는 단어로 언급되어 왔다. 우리들은 누가 '평화'를 언급하는가를 가지고 평화가 어떤 의미로 사용되고 있는가를 즉각적으로 구별할 수 있는 특이한 판단력을 가지고 있다. 그러나 그 결과 평화를 실체화하기 위해 필요한 국가의 기본적인 존재 방식이 애매한 상태로 남겨졌다.

이와 같은 평화의 이중적 기준을 허용해 온 가장 큰 요인은 제2차 세계대전 이후에 개정된 헌법의 평화개념이 가진 애매함에 있다. 예로 자주 등장하는 헌법 전문에 전형적으로 제시되어 있는 평화주의는 제2차 세계대전 이전과 전쟁 중에 일본이 자행한 침략전쟁과 식민지 지배에 대한 역사적 총괄을 전혀 언급하고 있지 않다. 제2차 세계대전 이후에 개정된 헌법은 전쟁 책임과 전쟁 범죄의 진상을 밝히는 의무를 국가에 부여하고 있지 않다. 헌법은 일본의 국가가 담당해야 할 특수한 역사적 책임을 명확히 하고 국가에 이와 같은 의미의 책임을 지게 함으로써 평화를 정의한다는 의도를 가지지 않았다.

이는 실로 기묘한 일이다. 제2차 세계대전 이후 헌법은 1946년에 공포되었지만 이 시기는 아직 도쿄재판의 판결조차 나오지 않은 시기였고 전쟁범죄문제는 전후 일본 정부가 평화를 향해 나아가기 위해 짊어져야 할 구체적인 정치과제였음이 분명하기 때문이다. 물론 당시의 헌법제정과정에서 일본 측이 제시한 초안이 모두 구헌법의 단계를 벗어나지 않은 보수적인 것이었다는 점을 감안하면 일본이 억지를 썼다고도 볼 수 있으나 동시에 GHQ(역주: General Head-quarters의 줄임말, 1945년 10월부터 1952년 4월까지 일본에 있었던 연합군 최고위 사령부)와 미국 정부 역시 헌법에 의한 전쟁 책임의 추구에는 관심이 없었다. 이는 친미로 전향한 지배층을 이용하려는 미국의 이기적인 대일 전략과, 이 전략을 통해 연명하고자 한 천황 및 지배층의 의도가 일치한 결과라고 볼 수 있다. 1945년의 전환점은 국가가 국가에 대해 전쟁 책임을 묻는 것에는 결정적인 한계가 있었다는 것을 잘 나타내고 있다.

국가권력을 규제하는 원리인 헌법이 전쟁 책임을 묻는 의무를 동반한 평화의 내실을 잃어버렸기 때문에 헌법 제9조(역주: 전쟁과 전력의 포기, 교전권을 부인하는 내용으로 구성된 조항)는 '일본인'이 가진 전쟁의 피해자 의식에 입각하여 정착한 것에 지나지 않고, 침략전쟁의 역사를 총괄하는 법조문으로서는 결정적으로 불충분하다. 그 결과 헌법 제9조는 본래 어울릴 수 없는 평화를 둘러싼 정의와 의미 및 내용이 공존하는 평화의 이중적 기준에 얽매이게 되었고 평화를 위한 재군비를 막는 것에 실패하고 말았다.

더욱이 일본의 재군비는 항상 평화를 구실로 헌법 제9조에 저촉되지 않는다는 위장된 평화주의에 의해 정당화되어 왔다. 이것이 의미하는 것은 전후헌법이 국가권력에 대한 규제력으로서 책임을 다하지 못한 무력한 것이었다는 점이다. 이와 같은 무력함의 배경에 있는 것은 헌법의 물신화라고도 할 만한 사태가 아닌가. 헌법 제9조의 신통력을 우회하는 다양한 수단을 전후 정부는 고안해 냈고 헌법을 해석한 결과에 의거하여 해외의 전쟁 지역에 자위대를 출병

하고 있다. 주권자도 헌법 제9조가 존재한다면 언젠가 비무장 국가가 실현될 것이라는, 소위 헌법 제9조 신봉에 빠져 근대국가가 가지는 본질적인 폭력의 근원이 제2차 세계대전 이후 일본국가에도 있다는 점을 경시해 왔다. 그 결과 좌익도 평화 운동도 폭력을 동반한 국가라는 권력의 형태 자체를 전복시키는 상상력을 가지는 단계까지는 도달하지 못했다.

이런 의미에서 헌법 제9조가 전후에 담당해 온 이데올로기상의 역할은 이른바 기존의 혁신이나 좌익이 이상주의적으로 지지할 정도로 유효하고 명석한 평화주의로 기능해 왔다고 볼 수 없다. 오히려 전후 책임이라는 과제가 '제2차 세계대전 이후의 헌법=평화헌법'에 의해 청산될 수 있는 것처럼 인식되어 온 것은 아닌가 싶다. 제2차 세계대전에 대한 책임문제는 전후의 전쟁 포기로 상쇄될 문제도 아니고 전쟁 책임을 애매하게 둔 채 전쟁 포기를 실현할 수 있다는 사고방식은 권력의 정통성을 뒷받침하는 역사성에 지나치게 무지한 발상이 아닐 수 없다.

⁊

2006년 8월 15일, 고이즈미小泉 수상(역주: 일본의 제87~89대 수상, 재임기간은 2001년 4월~2006년 9월)은 공약 그대로 야스쿠니 신사에서 참배했다. 참배 이후 대중매체의 인터뷰를 『아사히신문』

은 이렇게 보도하고 있다.

고이즈미 수상은 15일의 참배 이후, 수상관저에서 기자단에 대해 "일부러 15일을 피해서 참배하고 왔는데 언제나 비판과 반발이 있다. 그리고 이 문제를 크게 들추어 내려는 세력은 변함이 없다. 언제 가도 마찬가지이다. 그래서 오늘이 적절한 날이라고 판단했다. 지금부터 전몰자 추도식전도 거행된다."고 말했다.

2002년 4월에 참배할 때, 수상은 "종전기념일에 맞춰, 안팎으로 불안감과 경계심을 조장하는 것은 뜻에 반한다."라는 소감을 발표하였으나 소감과의 적합성에 대해서는 "모순되지 않는다. 과거 5년을 토대로 언제 가더라도 문제시하는 세력이 있다. 어쩔 수 없다."고 했다.

또한 수상은 "전쟁에서 존귀한 생명을 잃은 분들이 계시기 때문에 오늘이 있다. 경의와 감사의 마음을 갖고 참배하고 있다."고 하였고 "총리대신인 인간 고이즈미 준이치로가 참배했다. 직무로 한 것이 아니다."라고 언급하여 사적 참배의 입장을 강조하였다.

안팎의 비판에 대해서는 스스로 세 가지 점을 들어 반론하였다. 한중 양국에 대해서는 "의견 하나의 차이가 불쾌하다고 수뇌회담을 열지 않아도 되는가?"라고 주장하였고, "한중 양국은 일본이 UN 안보리 상임이사국에 포함되는 것에 반대하고 있다. 이 점이 불쾌하여 내가 수뇌회담을 하시 않겠다고 하면 어느 쪽을 비판할 건가?"라고 하였다.

A급 전범에 대한 참배에 대해서는 "특정인에게 참배하는 것이 아니다. 압도적 다수의 전몰자 분들께 애도의 뜻을 전하기 위함이다."라고 하였고 "(A급 전범은) 전범으로서 (도쿄재판에서) 벌을 받고 있다. 그것과 참배는 별개"라고 언급하였다.

헌법상의 문제에 대해서는 "나는 신토神道(역주: 일본의 종교로 조상 숭배적 성격을 가진 민족종교)를 장려하기 위해 참배하는 것도, 과거의 전쟁을 정당화하고 미화하여 군국주의를 칭송하기 위해 참배하는 것도 아니다. 헌법상의 사상이나 양심의 자유, 즉 마음의 문제이다."라고 하였다.(아사히신문, 2006.8.15., 고이즈미수상, 야스쿠니신사에 승전하여 참배, http://www.asahi.com/politics/0815/006.html)

고이즈미는 결코 자신의 행동과 사고방식이 보편적 의미에서 정당하다고 말하지 않는다. 고이즈미는 스스로 정당하다고 생각하는 자신의 행동이 국외에서는, 그중에서도 아시아의 구 식민지 각국에서는 통용되지 않는다는 점을 충분히 인지하고 있다. 그러한 인식에 기반을 둔 확신범으로서의 행동이다. 뒤이어 수상이 되어 있을 확률이 높은 아베신조 역시 고이즈미와 거의 동일한 입장에 서게 될 것이 분명하다.

정부 수뇌의 야스쿠니 신사 참배는 일본 정부가 침략전쟁이라는 역사 인식을 부정하는 입장을 명백하게 행동으로 나타내는 것이다.

야스쿠니 신사 참배라는 행위는 일본 전쟁의 정당화와 찬미라는 야스쿠니 신사의 핵심 교의에 스스로 동조하는 신앙고백 행위이다. 이와 같은 의미를 일본 국내 언론과 여론은 경시하기 쉽지만 참배가 종교와 관련된 행위이기 때문에 이와 같은 행위는 언론과 역사적 사실로는 판단할 수 없는 신앙으로서 여겨지고 감정적인 대립을 격화시키는 결과로 이어진다.

"전쟁에서 존귀한 생명을 잃은 분들이 계시기 때문에 오늘이 있다."는 고이즈미의 표현은 앞서 언급한 아키히토의 인사와 동일하게 전후 일관되게 사용되어 온 전쟁을 정당화하는 표현이다. 이는 죽은 이들의 죽음의 의미를 묻지 않고 한 가지로 긍정하면서 침략전쟁을 긍정적으로 생각하게 하는 심리적 효과를 만들어 냈다.

야스쿠니 신사를 긍정하는 집단은 이데올로기적 애국주의를 주장하면서 '죽은 자를 모독해서는 안 된다'는 막연한 일반론을 내세워 A급 전범을 포함한 죽은 자 모두를 추도하는 것에 대한 대중적인 동의를 얻으려고 한다. 고이즈미의 입장도 이와 같다. 그러나 실제로는 대중의 감정 속에 '죽은 자를 모독해서는 안 된다'는 일반론이 존재한 전례가 없다. 죽은 자는 생전의 행위에 따라 사후에 모독을 당하는 것이 당연하다고 여겨지는 감정, 또는 그와 반대로 생전의 행위가 칭송받을 만하기 때문에 사후에도 죽은 자를 칭송한다는 인과관계가 존재한다. 예를 들어 흉악범죄의 피의자와 피고인에 대해 명백하게 사형을 요구하는 여론은 죽은 자를 모독하는 것도 마다하지 않는다. 오히려 누구든지 죽은 자의 생전의 행위에 대한 평가 없이 죽은 자와 마주하기 어렵다. 국가를 위해 원한을 산 적이 없는 상대방을 죽이는 죄의 엄중함이 무엇보다 큼에도 불구하고 이것은 칭찬과 찬미의 대상이 된다. 또한 이것이 다음 전쟁의 살생에 대한 찬미를 낳는다. 야스쿠니 신사뿐만 아니라 전몰자추도 시설은 그것이 명백하게 종교적 시설이 아니라 할지라도 이와 같은 의미에서 전쟁에서 일어난 범죄를 면죄하는 이데올로기 장치가 되고 있다.

중요한 논점이 되고 있는 A급 전범문제에 대해 고이즈미는 "특정인에게 참배하는 것이 아니다. 압도적 다수의 전몰자 분들께 애도의 뜻을 전하기 위함이다."라든지 "과거의 전쟁을 정당화하거나 미화하여 군국주의를 칭송하기 위해 참배하는 것도 아니다."라는 일종의 변명을 늘어놓고 있다. '특정인'이라는 완곡한 표현 그 자체가 천황이 말하는 '사람들'과 동일하게 이미 '전범'이라는 단어를 회피하는 정치적 수사이며, 초조함을 감출 수 없지만 누구든 이 변명을 문자 그대로 받아들이지는 않는다.

그의 참배라는 행위에 담겨 있는 메시지는 특정인에 대해서도 참배하고 전쟁에 대한 찬미와 긍정이 적지 않게 포함되어 있다는 것을 모두 인식하고 있다. 왜냐하면, 이전에 일본의 전쟁을 반대하던 사람들은 야스쿠니 신사에 참배하는 행위를 하지 않기 때문이다.

어떠한 언어적 변명을 늘어놓아도 참배 행위 그 자체가 그 변명을 부정하고, 전쟁의 긍정을 나타내기 때문이다. 야스쿠니 신사라는 정치적인 존재로서 신사 자체가 그와 같은 입장을 견지해 오고 있고, 또한 우익과 보수파도 그 점에서 야스쿠니 신사의 존재 이유를 찾아왔다. 이와 같은 정치적·사회적인 문맥 속에서 고이즈미는 이와 같은 정치적인 효과를 인식하여 반복적으로 야스쿠니 신사와 그곳이 상징하고 있는 전쟁관을 긍정적으로 인식해 왔다.

그러나 다른 한편으로 "과거의 전쟁을 정당화하거나 미화하여 군국주의를 칭송하기 위해 참배하는 것도 아니다."라는 변명을 항상 하지 않으면 안 되는 것은 전쟁찬미의 행위로서 참배가 모든 면에서 부적합하고 변명이 거짓이라는 점 또한 누가 보더라도 자명하기 때문이다. 필자가 갖는 불안은 우경화하는 대중의 인식이 이와 같은 변명을 언제까지 받아들일 것인가 하는 점에 있다.

☙❦❧

앞서 언급한 것은 이제까지 야스쿠니 신사 참배 문제에서도 공통적으로 나타난 논점으로 새로운 것은 아니다. 그러나 올해 고이즈미의 야스쿠니 신사 참배는 이제까지와는 다른 파문을 불러일으켰다. 이 파문은 확실하게 극우라고 할 수 있는 아베 정권의 아킬레스건이 될 가능성이 있다. 이는 미국이 일본의 보수층과 우익에 점점 영향력을 키워 가고 있는 반미 내셔널리즘에 대해 우려를 표명한 점에서 잘 드러난다. 그렇지만 현재로써는 명백하게 고이즈미와 각료의 야스쿠니 신사 참배에 대해서가 아니라 야스쿠니 신사에 설치되어 있는 전쟁박물관인 유슈칸遊就館의 대미전쟁에 관한 전시에서 미국을 다룬 방식에 대해 항의한 것으로 그치고 있다. 유슈칸에서는 미국과 일본이 전쟁에 이르게 된 경위에 대해 미국의 국내 경기 회복을 위해 '자원이 부족한 일본에 대해 수출입을 금지하여 궁지에 몰리게 한 후 전쟁을 개시하도록 강요'했다고 기술하고 있는 부분이 있는데, 이 부분을 고쳐 달라는 것이다. 『산케이신문』은 이하와 같이 보도하고 있다.

내용을 변경하는 부분은 "루즈벨트 대전략"이라는 제목으로 제2차 세계대전에서 미국의 전략에 대해 언급한 부분. 해당 부분에서는 먼저 "대공황 시기에 미국의 대통령으로 취임한 루즈벨트는 3선을 해도 회복되지 않는 미국의 경제 때문에 고뇌하고 있었다."고 당시의 미국 경제 상황을 설명. 또한 "일찍부터 대전 촉발을 예감하고 있었던 루즈벨트는 쇼와 14년에 영미연합으로 독일전에 참전할 것을 결단하고 있었으나, 미국 국민의 반전 의지로 인해 길이 막혀 있었다."는 내용과 미국 내 반전 여론이 있었던 점을 소개하고 있다.

그리고 "미국의 전쟁준비 승리의 계획과 영국·중국에 대한 군사원조를 추진하고 있던 루즈벨트에게 남은 길은 자원이 부족한 일본의 수출입을 금지하여 궁지에 몰리게 한 후 전쟁을 개시하도록 강요하는 것이었다. 그리고 참전으로 미국 경제는 완전히 회복하였다."고 표현하고 미국은 국내 경제 회복을 위해 일본과의 전쟁을 지향했다고 해석할 수 있다는 내용이었다.

이와 같은 기술에 대해 유슈칸에서는 4월부터 수정 검토를 시작하여 7월부터 본격적으로 수정작업에 들어갔다고 하였다.(산케이신문, 2006. 8. 25.)

이와 같은 수정의 직접적 계기는 2006년 8월 20일자의『워싱턴포스트』에 보수파의 역사가인 조지 윌George Will(역주: 미국의 정치평론가, 1941~)이 유슈칸의 전시내용을 비판한 것에 대해 오카자키 히사히코岡崎久彦(역주: 일본의 외교관, 평론가, 1930~2014)가『산케이신문』8월 24일자 '정론'란에「유슈칸의 미숙한 반미사관을 물리쳐라」라는 제목의 글로 유슈칸 전시에 대한 비판을 전개한 것에 있다. 그리고 다음 날『산케이신문』이 앞서 인용한 것처럼 제2차 세계대전 당시 미국의 전략을 해석하는 데 있어서 "오해를 불러일으킬 수 있는 표현이 있었다."며 수정 작업을 시작했다는 것이다.『파이낸셜타임즈』도 8월 26일 신문에서 이 사건을 보도하고 있다. 이 신문이 보노한 오카자키의 발언에 따르면, 야스쿠니 신사는 자위대 역사에 관한 어드바이저(전쟁역사의 전문가인가?)와 협력하여 오카자키와 윌의 비판을 토대로 전시 변경을 검토하고 있다고 전했다. 또한 토마스 시퍼Thomas Schieffer 주일미국대사도 유슈칸 전시에서 드러난 미국 인식에 불쾌감을 표현했다고 전하고 있다.

물론, 아시아 전쟁과 관련한 전시에 대한 항의는 전혀 없다. 오카자키도 수정해야 할 부분은 미국과 관련된 부분이라고 강조하고 있다. 미국 인식의 수정 문제는 여기서 멈추지 않는다. 더욱이 오카자키 히사히코가 앞서 언급한 칼럼에서 후소샤扶桑社의 『새로운 역사교과서』 제2판에서 '반미적인 서술은 전부 삭제'했다고 서술한 것처럼 태평양 전쟁과 관련된 부분뿐만 아니라 근대 일본의 미일관계 전체에 대해 친미보수파가 역사관 수정을 시도하기 시작했다고도 할 수 있다.

이와 같은 움직임은 무엇을 의미하는 걸까? 미국은 민감하게 일본의 우익과 보수파가 지니고 있는 반미적 감정에 반응하고 있다. 저자는 지배층이 만들어 온 내셔널리즘이 지금까지 일관되게 회피해 온 미국과의 전쟁에 대한 평가와 제2차 세계대전 이후의 미일동맹, 그리고 제2차 세계대전 이전 및 전쟁 중에 일본이 가졌던 반미 내셔널리즘과의 논리적인 적합성 문제가 여기에서 표면적으로 크게 모순된다고 생각한다.

이는 일본의 특수한 상황이 아니라 세계적으로 나타나고 있는 반미 내셔널리즘, 반미적 종교원리주의의 움직임과 직접적 또는 간접적으로 연동되어 있다. 미국이 냉전기의 반공 전략으로 스스로 만들어 온 이슬람의 종교원리주의가 여기에 와서 반미로 전환되었다. 동일하게 전후 일본의 친미 내셔널리즘과 우익의 반공친미라는 입장의 배후에는 미국의 일본 전략이 있었기 때문에, 일본의 내셔널리즘에는 일종의 반미적 요소가 있고 이를 한층 자극하는 국제적인 조건이 있다고 봐도 좋다.

일본의 전후 내셔널리즘이 봉인해 온 반미 내셔널리즘에 대한 불안을 미국의 지배층에 환기시켰다고 볼 수 있다. 고바야시 요시노리小林よしのり(역주: 만화가, 평론가, 1976~) 등 일부의 우익 언론가가 반미 내셔널리즘을 공공연하게 주장하고 인기 배우 쿠보즈카 요스케窪塚洋介 주연의 영화 〈흉기의 사쿠라凶氣の櫻〉처럼 반미 내셔널리즘을 정면으로 다룬 영화가 제작되는 등 젊은 세대 중에는 소수이긴 해도 반미적 내셔널리즘을 수용하는 경향이 나타나고 있다. 냉전기에는 보이지 않았던 글로벌한 반공반미의 새로운 경향이 나타나고 있는 것이다.

이번 유슈칸의 전시 변경은 사건이 일어난 지 얼마 안 되었기 때문에 우파 저널리즘과 우익의 움직임이 명확히 보이지 않지만, 적어도 야스쿠니 신사 측은 전시의 수정에 대해 저항을 표명하고 있지는 않은 것 같으며, 후소사의 역사 교과서의 변경에 대해 우파측으로부터 큰 비판이 있었다는 것도 들은 적이 없다. 우익은 아시아의 구식민지 국가들이 역사관에 대해 이론異論을 제기할 때에는 과도하게 적의를 드러내고 공격을 반복하면서 미국에 대해서는 침묵하고 있다. 제2차 세계대전 이후 일본의 우익이 친미우익으로 전향하고 지배층도 그 영혼을 미국에 팔아넘긴 반세기의 역사로 본다면, 미국은 그와 같은 침묵에 안도하고 있음이 틀림없다.

전후 일미 지배층은 미국식 생활양식—다시 말하면 자본주의를 옹호하기 위한 문화 및 이데올로기 장치—에 국민을 통합하기 위한 방침으로 천황제를 활용하였고 황국사관의 이데올로기 대신 '자유와 민주주의'를 선택해 왔다. 그러나 반미에서 친미로 가는 지조 없는 전향으로 연명해 온 지배층이 지금 모순의 늪에서 스스로 매우 위태롭게 정체성 위기에 직면하고 있다.

모순되게도 개헌 움직임은 이러한 모순을 더욱 악화시키는 가능성을 가지고 있다. 개헌이 전후 정치의 기본적인 틀을 구축해 온 신헌법과, 그 기반에서 장기간에 걸쳐 권력을 잡아 온 친미 보수 정권의 자기 부정으로 이어진다는 것을 그들은 어느 정도 자각하고 있을까? 미국이 강요한 헌법이기 때문에 개헌(자민당은 신헌법제정까지 주장하고 있다)한다고 말하면서 그렇게 강요한 미국과 동맹관계를 두텁게 해 나가고 싶다는 태도 그 자체에 모순이 있다는 것은 말할 필요도 없다. 그러나 문제는 이보다 뿌리가 깊다.

우익 및 보수파가 개헌에 합의되어 있는 제2차 세계대전 이후의 시대 부정을 대신하여 선택할 수 있는 것은 단 하나뿐이다. 즉 일종의 제2차 세계대전 이전 또는 전시로 회귀하는 것이다. 이 회귀는 '제2차 세계대전 이전과 전시의 일본 식민지 지배와 전쟁의 재평가 =긍정·찬미'를 포함할 수밖에 없다. 이렇게 되면 미국과의 전쟁을 어떻게 정당화할 것인가 하는 문제는 피해갈 수 없다. 이른바 태평양 전쟁을 정당화하는 것이라면 적국이었던 미국에 대해서는 부정적으로 평가를 내릴 수밖에 없다. 이것이 유슈칸의 역사관이다.

그러나 동시에 패전을 계기로 적국이었던 미국과 동맹관계를 맺는 180도 정반대의 태도를 취한 것에 대해 어느 정도 정당화할 수 있을까? 그리고 그 권력 전향의 이데올로기 중심에 천황제가 있었던 것을 어떻게 총괄할 것인가? 다시 말하면 제2차 세계대전 이전과 전쟁 중의 천황제 이데올로기를 부정하는 것으로 연명해 온 것이 제2차 세계대전 이후의 상징천황제이기 때문에, 전후에 전향한 우익 및 보수파는 스스로의 회피해 온 전향 문제가 지금 되돌아오고 있다. 오히려 지금 개헌이라는 카드를 내민 것에 의해 근대일본의 '국체호지' 이데올로기의 기만이 분명하게 드러날 수밖에 없는 상황이 되었다.

동아시아의 군사적, 정치적 긴장은 이와 같은 원리주의 부분을 포함하여 진미 지배층이 헤게모니를 장악하고 미일동맹을 강화하는 방향으로 일본의 지배층을 결집하여, 대중의 의식을 반미가 아니라 친미로 통합하기 위한 불가결한 전제조건이 되고 있다. 한반도와 중국과의 군사적 긴장은 미국의 군사적인 방위에 의존하는 정당성을 높이고 반미에 기울 수밖에 없는 우파적인 여론을 되돌리는 가장 효과적인 시나리오이다.

✍✄

고이즈미가 야스쿠니 문제에 대해 강조하고 있는 것은, 중국에는 중국의 타당함이 있고 한국에는 한국의 타당함이 있는 것처럼 일본에는 일본 나름대로의 타당함이 존재한다는 변명이다. 야스쿠니 신사 참배는 이와 같은 '타당함'의 문제일 뿐이며 모두 각자 국내의 국민통합의 필요성에 따라 행동하기 때문에 외교와는 관계없는 것이며 일종의 이데올로기적인 내정간섭이라는 주장이다. 그렇기 때문에 고이즈미는 일본 국내에서 행하는 야스쿠니 신사 참배가 타당한 행위로 인식되어야 한다는 점을 강조한다. 2005년 9월 30일에 오사카 고등재판소가 수상의 야스쿠니 참배에 대해 헌법 위반이라는 판결을 내렸지만 '헌법 위반이 되는 이유를 납득할 수 없다'는 위협적인 오만함을 내비치고 있다. 이와 같은 태도는 법의 지배를 받는 법치국가에서는 있을 수 없는 행위이지만, 오히려 여론조사 등의 결과에 따르면 수상의 야스쿠니 신사 참배를 지지하는 목소리가 과반

수를 차지하고 있다.

고이즈미가 주장하는 상대주의는 역사 인식의 합의를 파괴하는 것을 의미할 뿐만 아니라 역사 인식이 다양한 원리를 가진 것—하나는 일본의 역사관이고 또 하나는(또는 그 이상의) 타국의 역사관이지만—을 일본의 이데올로기에 따른 입장에서 명확하게 내세우는 것을 의미한다. 이와 같은 역사관의 상대주의는 외국에서도 일본과 동일한 역사관을 강요할 뿐만 아니라 차이를 인정한다는 포즈를 취한다.

더욱이 정부는 이러한 상대주의를 일본과 아시아 각국 사이에 있는 식민지 지배에 대한 역사적 문맥에서 분리시킨 단순한 언설로서 주장하고자 한다. 이는 일본의 식민지 지배와 침략전쟁이 가져온 국가 범죄의 사실을 지배 당한 자, 침략 당한 자의 경험과 기억에 따라 이해함으로써 만들어지는 상대주의와는 전혀 다르다. 이것은 타자의 이해를 미리 피하여 '중국인과 조선인이 생각하고 있는 것은 일본인과 다르다. 이러한 차이를 줄여나갈 필요는 없고 그들과 우리는 각각 서로의 역사관을 보유하면 그만이다'라는 배타적인 상대주의이다.

그렇기 때문에 이러한 상대주의에서는 일본은 스스로 불편한 역사적 사실(남경학살, 강제연행, 이른바 종군위안부의 존재)을 인정힐 필요가 없어신다. 고이즈미는 온화한 표현으로 노련하게 응대하고 있지만 기본적으로 주장하는 내용은 타자에 대한 이해를 거부하고, 스스로의 역사를 긍정하는 것이다. 그럼에도 불구하고 겉보기에 상대주의는 다양성을 중요하게 생각하는 일본과 자국의 가치관을 타국에 강요하는 중국이나 한국, 북한과 대조적인 태도를 대중에게 어필한다. 가치의 다양성을 구실로 책임을 애매하게 하는 것에 익숙해진 대중의 자기 보호는 이와 같은 정부의 태도를 받아들이기 쉽다. 이와 같은 의미에서 상대주의는 대중 사이에 타자를 자기가 허용할 수 없는 것으로 배제하는 심리적인 효과를 만들어 낸다.

고이즈미가 선을 긋고 있는 상대주의에 입각한 자기와 타자는 일본 국경의 안과 밖에, 또는 일본인과 외국인의 사이에 있다. 이는 일본인 안에 있는 야스쿠니 신사를 거부하는 사람들과 일본 국내의 자이니치를 포함한 외국인의 비판을 강하게 억압하는 작용을 한다. 일본인은 중국인·조선인과 동일한 사고방식을 가져서는 안 된다, 일본에 있는 이상 외국인은 일본의 가치관을 받아들여야만 한다는 사고방식이다.

바꿔 말하면, 고이즈미의 야스쿠니 신사 참배에는 '일본인이라면 야스쿠니 신사에 참배해야 한다'는 메시지를 암암리에 포함하고 있다. 이는 일본 정부가 자국민에 대해 펼치고 있는 이데올로기 정책, 내셔널리즘 정책의 성격을 잘 보여 준다. 개헌과 교육기본법의 개악, 학교 현장에서 점점 퍼지고 있는 히노마루와 기미가요를 강제하는 과도한 애국심에 대한 집착도, 주변 국가에 대한 과도한 적의와 혐악을 고이즈미의 야스쿠니 신사 참배라는 퍼포먼스는 단적으로 나타내고 있다.

考

더 이상 반미는 좌익의 전유물이 아니다. 친미이든 반미이든 대중의식이 수렴하는 곳에 내셔널리즘이 존재하고 있는 상황은 명확하게 일본을 둘러싼 국제관계의 긴장을 높이고, 국내의 민중의 자유를 크게 빼앗아 갈 것이다. 고이즈미처럼 내셔널리즘에 기초하여 타자와 자기를 구별하고 정체성을 구축하려고 하는 태도는 보편적인 가치보다 일종의 국민적 또는 민족적 가치를 우선하기 쉽다. 그 결과는 국내에 강력한 동일화 경향을 가지고 타자를 배제하는 힘이 작용한다. 이러한 경향을 아베 정권은 개헌과 교육기본법의 개정에서 단적으로 계승하고 있다.

이에 대해 우리들이 가지고 있는 최대의 문제는 개헌이 가져올 우익과 보수파의 자기모순에 쐐기를 박을 대중적인 힘을 가지고 있지 못한 것이다. 그 원인이 어디에 있는지는 쉽게 찾아내기 어렵다. 제2차 세계대전 이후 좌익 운동이 충분히 총괄하지 못했던 점이 결과적으로 다양하고 풍성한 풀뿌리 운동을 느슨하게 연결하는 데 불가결한 사회인식의 공유를 방해해 왔다.

지배층이 신자유주의적 세계화에 직면하면서 제2차 세계대전 이후의 경제 내셔널리즘을 해체하고 재구성한 것에 반해 근대 일본을 일관적으로 지탱해 온 자본주의라는 경제 시스템의 대체물을 제기하지 못했다. 개헌인가 호헌인가 하는 양자택일을 강요받는 가운데 이 후미애踏み絵(역주: 에도 시대에 기독교 신자를 색출하기 위해 사용했던 목조 또는 금속 판으로 기독교 신자로 의심되는 사람에게 밟고 지나갈 것을 요구함)를 거부하고 제2차 세계대전 이전인가 이후인가가 아니라 제2차 세계대전 이전이나 이후도 아닌 입장에서 민중의 합의를 만들어 내는 것이 어떠한 의미의 내셔널리즘에도 속박되지 않는 민중 운동을 만들어 내는 데 필요하다. 이것은 관념의 문제가 아니라 일본에 문자 그대로 반정부 운동의 다양한 조류가 풀뿌리부터 등장하면서 민중의 공동의식으로 만들어지는 것밖에 방법이 없다.

출전: 『飛礫』 52호 2006년

제4장

세계화와 빈곤시대의 천황제

천황제와 내셔널리즘 문제에 대한 논의의 대부분은 제2차 세계대전 이전(전쟁 중)과 그 이후 사이에 결정적인 단절을 설정하고 양자 사이에 양립하기 어려운 논리가 이어져 있다는 점을 가정한다. 이러한 논의는 전자 또는 후자를 부정하거나 가토 노리히로加藤 典洋(역주: 일본의 문예평론가, 1948~2019)가 언급한 것처럼 전자와 후자를 '뒤틀림'으로 표현하기도 한다. 또는 제2차 세계대전 이전의 군국주의자가 제2차 세계대전 이후의 민주주의자가 되는 모습을 일종의 수수께끼로 보고 여기에 깊은 사상적 과제를 찾아내려는 논의가 대부분이다. 상징천황제는 1945년을 결정적인 분수령으로 하면서도 제2차 세계대전 이전과 제2차 세계대전 이후 국민통합을 이루기 위한 매개항(지속성을 담보하는 요건)으로서 작동한다. 그밖에도 상징천황제는 우익과 보수 지배층에 의해 의도적으로 제2차 세계대전 이전의 천황제가 갖는 요소를 여전히 간직하고 있다고 여겨지고 있으며, 제2차 세계대전과 민주주의라는 두 가지 변수에 의해 그 성질이 크게 좌우되어 변형되기 쉬운 존재로서 제2차 세계대전 이후의 국가 통합에 불가결한 이데올로기 장치가 되어 왔다.

제2차 세계대전 전후의 단절에 대해 예를 들어 "제2차 세계대전 전후를 하나의 이어진 시기로 보려는 시도는 보수파와 자유주의 우익에 의해 이루어져 왔다"(가토 노리히로, 2016, 『전후적 사고』, 고단샤, 392.)는 이해는 아마도 좌우를 불문하고 공통적으로 전제된 것처럼 보인다. 그러나 제2차 세계대전 이전과 이후의 일관성은 보수와 자유주의 우익의 전유물이 아니다. 오히려 우익과는 전혀 다른 입장에서 좌익 역시 제2차 세계대전 전후가 하나로 이어진다고 볼 만한 구조가 존재한다는 점을 지적해 왔기 때문이다.

제2차 세계대전 이전과 이후의 분수령이 되는 1945년은 일본의 통치구조(정치과정)에 큰 단절을 가져왔고, 국가 이데올로기 영역에서는 180도 전환이라고도 할 수 있는 깊은 골이 만들어졌다. 다른 한편으로 일본의 식민지 지배로부터 해방을 달성한 아시아 각국과 그 민중, 그리고 또한 일본 국내에 있던 조선인과 중국인에게 있어 1945년의 무게는 다른 무엇에 비할 수 없다는 것을 충분히 이해할 수 있다. 그렇다고 하더라도 '정치=이데올로기' 과정의 단절은 절대적인 것도 아니었고 불가역적인 것도 아닌, 제2차 세계대전 이전과 이후 사이에 존재하는 '이어짐'의 확고한 구조를 흔들지 못했다는 중요한 측면을 간과해서는 안 된다.

여기서 말하는 일관된 구조란 일본이 제2차 세계대전 이전과 이후에도 자본주의로써 근대 국민국가를 유지해 왔다는 점이다. 국가의 기본법인 헌법은 크게 바뀌었지만 근대국가로서 가지는 구조도 자본에 의한 경제 지배라는 자본주의 구조도 변하지 않았다. 일본은 연합국보다 10년 정도 빠르게 식민지를 상실했지만 자본 축적의 국내 구조와 이를 지탱하는 국가의 경제기능은 '경제민주화'(개벌해체, 농민해방, 노동개혁 등)를 통해 좀 더 깊게 서구형 자본주의경제와 접합 가능한 구조를 가지게 되었다.

제2차 세계대전 이후에 이루어진 복구와 부흥정책은 대외적으로는 냉전 체제로의 이행과 한국 전쟁을 통한 특수, 미국으로부터 원조를 받는 국가로서 전시 총동원제제의 비군사화를 통해 전시 기간의 체제가 제2차 세계대전 이후로 이어졌다. 이와 같은 계승을 뒷받침한 것은 미국의 뉴딜정책을 지탱했던 것과 동일한 케인즈주의였다고 볼 수 있다.

케인즈는 자신의 저서 『일반이론』이 나치 정권하에서 독일어로 번역될 때 케인즈주의가 나치 경제에 유효한 정책으로 기능했다는 점을 스스로 서술하고 있다. 케인즈주의는 제2차 세계대전의 정치적 대립과는 별개로 전시 기간 동안 일본과 나치 독일의 국가경제 및 미국의 전시경제에 공통된 국가 시장 경제 관리의 기본적인 플랫폼이었다.

동시에 제2차 세계대전 이후 국제적인 경제 체제로서 브레튼우즈 체제가 연합국과 추축국을 넘어 유엔에 대항하는 통화, 무역, 원조 체제가 될 수 있었던 것도 거슬러 올라가 보면 전시 경제 체제가 정치적인 대립을 넘어 제국주의 국가들에 공통된 구조로 구축되어 있었고 실제 적은 러시아 혁명 이후 현실화된 사회주의와 공산주의였다는 점에서 찾을 수 있다.* 국민국가나 제국주의의 군사적 또는 정치적 적대관계의 배후에는 자본주의와 국민국가라는 공통성이 존재했다는 점을 감안할 때 '정치=이데올로기' 과정에서 나타나는 절단 역시 체제의 근원이 단절된 분열은 아니었다는 점을 기억해 둘 필요가 있다.

일본의 경우 이와 같은 얕은 단절은 자본주의라는 지속성뿐만 아니라, 정치 이데올로기 과정에서 나타난 천황제의 존재로 현저하게 드러났다. 이는 나치 독일과도, 파시즘 이탈리아와도 결정적으로 다른 연속성이라고 할 수 있다. 더욱이 이와 같은 존속을 기획한 미

---

* 러시아 혁명 이후 20세기의 사회주의 역시 국민국가의 틀을 전제로 하여 생산력의 패러다임을 자본주의와 공유함으로써 그 체제의 성통성을 구축했다(돌이켜보면 결정적인 실수였지만).

국과 일본의 지배층이 가장 두려워했던 것은 일본의 사회주의 혁명과 천황제의 폐지였다. 이들 지배층이 두려워했던 것은 천황제 폐지 그 자체보다, 천황제를 국민통합의 축으로 두고 구축된 자본주의적 국민국가 일본이 사회주의로 체제로 전환될 수도 있다는 것에 대한 것이었다고 봐야 한다. 미국은 일본을 공화제에 기반을 둔 자본주의로 이끌어 내려는 방침을 세우지 않았고, 자본주의를 옹호하는 일본의 자유주의적 지배층 역시 공화제로 전환하는 것을 요구하지 않았다.

일본의 자유주의가 갖는 연약함은 근대국가로서 이념을 구축하지 못한 연약함이다. 제2차 세계대전 이전과 전시 기간 동안 일본의 정치사상은 마르크스주의와 아나키즘을 제외하면 보편적인 이념을 천황제 이데올로기의 토대 위에 두고 위장하는 것 이외의 선택지를 갖지 못한 상황이었다. 비서구철학의 전형이라고 일컬어지는 니시다 기타로**西田 幾多郞**(역주: 일본을 대표하는 철학자, 1870~1945)가 전시 기간 동안 이와나미 신서로 출판한 『일본문화의 문제』에서 그 무참한 전형을 확인할 수 있다. 일본의 사상계에서 반복적으로 근대의 극복**超克**이라고 언급되어 온 이 과제는 제2차 세계대전 이전과 전시뿐만 아니라 제2차 세계대전 이후에도 일본의 근대가 천황제와 불가분한 것으로 설계되어 온 것의 문제를 정확하게 지적해 왔다.

제2차 세계대전 이후 시민적 자유가 보장된 정치공간에서도 하나의 정치적 조류를 구축한다는 목적의식을 가지고 천황제가 없는 국가 이념을 추구하고자 하는 노력은 폐기되어 왔다. 좌익과 아나키즘의 입장을 취하지 않고 천황제를 부정하는 시민운동과 민중운동, 또는 종교인들의 운동은 제2차 세계대전 이후에도 끈질기게 이어져 왔지만 그럼에도 불구하고 부르주아 공화제를 주장하는 정치적 노력이 전혀 없었던 것은 현실정치에서 제2차 세계대전 이후의 상징천황제를 안정화시킨 최대의 원인 중 하나일 것이다. 그리고 이것이 동시에 제2차 세계대전 이후 일본의 시민적 자유가 갖는 맹약성과 밀접하게 관련되어 있다.

꿈꾸꿈

히로히토裕仁(역주: 일본 쇼와 시대의 천황, 1901~1989)에서 아키히토明仁(역주: 일본 헤이세이 시대의 천황, 1933~)로, 제2차 세계대전 이후 상징천황제는 '상징'을 통해 국민통합을 이루는 초석이 되기보다는 많은 과제와 약점을 드러낸 것으로 보인다. 제2차 세계대전 이후 상징천황제의 제도 설계의 기본에 있었던 풍요의 허상을 재생산함으로써 '일본인'을 창조하고자 출현했던 황실은 1990년대 이후 경제 파탄과 세계화에 대응하지 못한 채 고작 제2차 세계대전 이후의 황실과 풍요의 기억을 연결 짓는 것에 그치고 있는 것처럼 보인다.

이러한 맹점과 반비례하여 우익은 외국인 배척과 북한에 대한 적의를 발판으로 삼은 '일본인'과 '일본민족' 의식의 양성에 적극적으로 나서고 있으며 우익과 비슷한 분위기가 대중의 감성을 장악하지 못할 위험에 놓여 있는 것처럼 보인다.

히로히토나 아키히토는 천황과 일본민족을 구실로 한 배외주의나 천황의 이름으로 반복되어 온 테러리즘을 한 번도 비판한 적이 없다. 1945년을 기점으로 제2차 세계대전 이전과 전시의 천황주의 이데올로기를 폐기하고 적국의 편에 섰지만 그렇다고 해서 식민지 지배와 전쟁 책임을 스스로 비판한 적도 없고 오키나와를 미국에 팔아넘기기까지 했다. 이들이 담당해 온 역할은 자위대가 군대화되는 것에 대한 대중의 경계심을 약화시키고 전쟁으로 살을 찌워 선진국 대열에 합류하는 경제 제국주의를 부활시킨 것이다. 그리고 이들은 현대 일본의 전쟁 의존 체질을 '천황이 내리는 말씀'으로 은폐하고 평화의 언설을 유포시키는 이데올로기 장치로서의 그 역할을 담당했다. 이렇게 위장된 평화의 언설은 대중매체를 통해 유포되어 '평화로운 일본이라 다행이다', '일본인으로 태어나 다행이다'라는 식의 감정을 대중적인 감성으로 만들어 내고 재생산하는 효과를 낳았다.

학교 교육을 통해 단적으로 드러나는 것처럼 근대 일본의 침략을 둘러싼 역사를 재정립하고 정당화하는 것으로 역사인식을 수정하고자 노력했던 우경화의 흐름을 감안하면 상징천황제는 평화를 언급하는 한편 천황의 이름으로 행사되어 온 우익의 테러리즘에 대해서는 일관적으로 침묵함으로써 테러리즘을 사실상 용인해 왔다. 불성실과 부정의에 대한 용인에 대하여 제2차 세계대전 이후의 천황은 도의적인 책임을 져야 마땅하다는 점을 잊어서는 안 될 것이다.

히로히토에서 아키히토로 천황이 바뀌어도 앞서 서술한 상징천황제의 본질은 하나도 변한 것이 없다. 더욱이 다른 한편으로 신자유주의 이데올로기로 지탱되었던 세계화 자본주의로의 일본자본주의의 자본 축적 통합과 이라크 전쟁으로부터 테러와의 전쟁에 이르는 새로운 전쟁 상태에 따른 미일군사동맹의 새로운 전개라는 세계적 군사 및 정치구조의 지각변동이, 상징천황제에 따른 국민통합의 구조와 기능에도 중요한 질적인 변동을 가져올 수밖에 없다는 점도 경시할 수 없다. 상징천황으로서의 히로히토와 아키히토가 갖는 차이에 주목하기 쉽지만 냉전에서 탈냉전으로 국제관계가 큰 전환을 맞이하면서 아키히토가 천황으로서 담당하는 역할이 변질되었다고 보는 편이 맞을 것이다.

히로히토에서 아키히토로 대를 이어 내려온 상징천황제의 변화를 어떻게 바라봐야 할까? 크게 두 가지의 관점이 있을 것이라 생각된다. 하나는 와타나베 오사무渡辺 治(역주: 일본의 정치학자,

1947~)의 저작으로 대표되는 상징천황제의 질적 전환론이다. 이는 상징천황제와 국내 정치의 동향의 관계성에 주목한 것이다. 와타나베는 히로히토 즉위 50년과 60년, 그리고 장례로 이어지는 천황을 둘러싼 큰 이벤트가 대중매체의 선풍적인 보도와 자민당 및 보수세력에 의한 조직적인 대중 동원의 장치에 의해 국가 이벤트로서 성대하게 연출되는 한편, 이벤트의 종료와 함께 대중매체도 여론도 천황에 대한 관심이 급속하게 사그라지는 것이 반복된다는 점에 주목한다. 또한 정권에 따라 천황이 정치적으로 이용되면서도 천황을 정치에 이용하는 것은 '민중에게 정치에 이용되는 천황이라는 이미지를 심어 주어 천황의 권위를 깎아 내린다'는 역효과를 가져온다는 점도 지적하고 있다. (와타나베 오사무, 1990, 『전후 정치사 속의 천황제』, 아오키쇼텐)

동시에 1980년대 보수정치는 '미국을 중심으로 한 국제적 틀을 유지하고 이를 유지하기 위해 일본이 이전보다도 더 기능적 역할을 분담하지 않으면 안 된다'고 하지만 이러한 역할을 다할 수 없는 최대의 약점이 '군국주의적 내셔널리즘과 국가주의적 동원의 결여'에 있다는 점을 지적하였다. '지배층은 지금 대국과 풍요로운 사회를 지킨다는 미명 아래 한층 권위적인 군국주의적 재편을 추진하려고 하고 있다. 그 때문에 천황이 필요하다'라고 언급한다. (앞의 글) 다른 한편으로 와타나베는 군국주의와 국가주의로서 국민통합을 위한 천황의 필요와는 별도로, 히로히토가 스스로 자신은 아키히토와 다르다는 점을 드러내면서 천황으로서 개성을 드러낸다는 점에 주목하고 있다.

예를 들어, 평화국가에 대한 이념을 강조하거나 학문을 사랑하는 황실이라는 점을 드러내거나 환경문제에 대한 관심을 두는 등 히로히토의 관심은 군사와 전쟁을 통한 국민통합과 직결되지 않은 곳에 있었다.

와타나베의 지적이 맞다면 히로히토는 상징천황제에 대해 현재의 국가가 요청하는 기능과는 상당히 동떨어진 역할밖에 달성하지 못했다. 와타나베의 지적은 1980년대에 이루어진 것으로 '민중이 갖는 군사 대국화에 대한 경계심이 강하고 지배층은 자위대의 해외파병과 GNP 1% 타파, 비핵 3원칙의 폐지 및 수정에 대한 합의를 획득하지 못했던' 시대의 분석이다. 그 후 일본을 보면 명확히 알 수 있는 것처럼, 미일동맹의 변질 및 강화와 함께 일본은 제2차 세계대전 이후의 틀을 넘어 테러와의 전쟁을 담당하는 한 축으로서 명확하게 전쟁에 동원될 군사적 역할이 강조되고 있다. 동시에 와타나베가 언급한 군국주의 동원의 핵심을 이루는 천황의 상징작용을 히로히토가 달성했다고 보기는 어렵다.

바꾸어 말하면, 아키히토는 평화국가의 천황으로 행세하면서 크게 일탈한 적이 없지만 다른 한편으로 일본은 자위대의 해외파병을 실현했고 군사대국화를 비약적으로 달성하게 되었다. 이러한 현실을 눈앞에 두고 천황이 말하는 평화가 공허한 말이 되지 않으려면 동일한 단어가 전혀 다른 의미를 가지는 단어로 기능해야만 한다. 천황이 말하는 '평화'란 자위대의 해외파병이 평화에 기여한다는 문맥으로 해석되어, 그 결과 자위대의 해외파병을 정당화하는 대중적인 감성이 형성되었고 파병의 배후를 국가와 자본의 이익으로부터 단절시켜 냉정하게 비판하는 힘을 제거하는 효과를 갖게 되었다.

또 한 가지, 아키히토 시대의 천황제를 비판적으로 바라보는 논의로서 다카시 후지타니(역주: 토론토대학 역사학과 교수, 1953~)의 분석을 소개하고자 한다. 후지타니는 와타나베와는 다르게 미일군사동맹과 일본의 군국주의적인 동원을 통해 상징천황제를 비판하기보다는 경제의 세계화를 지탱하는 천황 아키히토의 역할에 주목한다. 후지타니는 세계화되는 과정에서 천황제가 기업전략에 이용되는 운명에 있다는 점을 강조하며 다음과 같이 서술하고 있다.

천황은 민족 내셔널리즘을 고정시키면서 일본의 차별적인 시스템을 강화하는 데 일조하고 있다(중략). 이 내셔널리즘은 일본의 경제를 지탱하기 위해 이민 존재를 인정하고 식민지시대의 피지배자였던 사람들과 그 자손을 일종의 다문화적 일본에 포함시키지만 동시에 핵심이라고 할 수 있는 진실한 일본인이 누구인가라는 관념을 폐기하지 않는 사고방식이다. 현재 외국인 노동자, 식민지 시대에 피지배자 및 그 자손에 대해 차별이 이어지고 있는 증거는 쉽게 찾을 수 있으며 한층 엄격한 경제적 위기나 세계전쟁이 일어날 경우 일본의 천황제와 무관하지 않은 인종 또는 민족을 향한 폭력은 고양될 것이다.(후지타니 다카시, 2003, 「상징천황제의 미래에 대해」, 캐롤 글럭 외, 『일본은 어디로 가고 있는가』, 코단샤)

후지타니는 히로히토와 아키히토를 뚜렷하게 비교하면서 아키히토가 펼친 황실 외교를 강조한다. 히로히토는 재위 기간 중 1971년 유럽 7개국 방문과 1975년 합중국 방문 이외에는 해외에 나간 적이 없지만 아키히토는 즉위 이후 10년간만 보더라도 여덟 차례 해외를 방문하였다. 후지타니는 이러한 황실 외교가 '일본 기업의 세계화 전략과 황실의 신 국제화가 밀접하게 관련되어 있다는 것을 의미한다'고 논한다.

그는 '신국제화로 황실이 내셔널리즘에 필요 없게 되었다는 것을 말하는 것이 아니다. 오히려 그 반대로 코스모폴리탄이 된 황족이 물리적으로도 상징적으로도 일본에 돌아온다는 사실 때문에 황족은 국내뿐만 아니라 세계 각지에 사는 일본인에게 민족적인 정체성을 확인시키는 하나의 요소'가 되고 있다고 한다.

또한 후지타니는 여성전황을 눌러싼 논의의 배경에는 혈연 계승의 위기라는 민족차별주의가 있고, 아키히토가 언급한 황실과 조선민족과의 연관성은 오히려 제2차 세계대전 이전의 '일선동조론日鮮同祖論'(역주: 일본인과 조선인의 조상이 같다는 식민사관)에서 볼 수 있는 것처럼 '비일본인'을 포함하는 동시에 '일본민족'을 항상 최상위에 두는 이데올로기였다는 점을 상기시키는 것이라고 지적했다. 즉 아키히토가 구 식민지 각국에 대해 '큰 고난을 준 불행한 일정 시기'와 같은 사죄라고도 받아들일 수 있는 표현을 사용하면서 히로히토보다 '솔직하고 반성적인 군주'로 포장되고 '스스로 죄를 뉘우치고 책임을 느끼는 주체적인 인격인 **것처럼**(역주: 강조는 원저) 국내외에서 행동하는 상징천황의 출현'은 오히려 큰 문제를 안고 있다고 지적한다. 이러한 발언을 통해 천황은 세계화된 일본 기업의 동향과 뗄 수없는 역할을 담당하고 있음에도 불구하고 마치 '불가사의하게도 마치 일본인의 공동의사를 반영한 독립된 주체인 것 같은 인상을 주고 만다', '이는 전 국민의 이익을 위해 행동하는 독립적 정치 주체인 **것처럼**(역주: 강조는 원저) 행세했던 제2차 세계대전 이전과 전시 중의 천황을 떠올리게 하기 때문에 기분이 개운치 않다'(앞의 글)고 지적한다.

후지타니는 세계화에 따라 일본 기업의 다국적화를 배경으로 하는 아키히토는 천황 외교에 주목하고 있지만, 아키히토의 외교 효과가 동시에 일본 국내에서 국민통합에 긍정적인 효과로 이어지고 있는가에 대해 묻는다면 그 점에 대해서는 비관적이라고 답한다. 히로히토의 시대에는 천황이 국민통합의 핵심과 같은 틀이 존재했다. 그것은 대중매체에 의한 여론 형성 효과이기도 했지만 제2차 세계대전 이전과 전시를 체험한 세대 가운데 보수층이 자민당의 지지 기반이기 때문에 지역에서 전국에 이르는 다양한 보수계의 대중 동원 조직을 통한 조직화가 가능한 결과이기도 했다. 이것과 함께 천황의 순행, 기념식수 행사, 올림픽 등 국제행사를 통해 국민적인 통합을 확인하는 대중 동원이 지지되어 왔다. 위로부터의 동원이긴 했지만 그 곳에는 대중적인 자발성이 발휘되기도 하였다.

〰〰

상징천황제를 폐지하지 않으면 안 되는 까닭은 구헌법에 기초하여 전쟁 범죄에 대한 가해 책임을 지지 않고 제2차 세계대전 이후로 이어지고 있다는 이유 때문만은 아니다. 제2차 세계대전 이후 일본 정부와 미디어 모두 전후 복구에서 고도성장에 이르고 구미와 어깨를 나란히 하는 선진국이 된 것에 대해 허구에 지나지 않는 '일본인' 이라는 민족성에 마치 실체가 있는 것처럼 연출하여 그 위에 '일본인'의 우위성을 증명한다는 또 하나의 허구에 지나지 않는 언설을 만들어 왔다. 다민족을 비교대상으로 한 우위의식인 '자민족 중심주의=차별'의 의식을, 시장 경제의 경쟁원리를 숨긴 채 정당화해 왔지만, 제2차 세계대전 이후 천황의 언설은 이러한 내셔널리즘의 심정을 지탱하는 '국민통합'의 기능을 달성하면서 경제 제국주의로서 부활한 일본 자본주의의 '성장'을 '일본인의 성공 신화=이데올로기'로서 재생산하는 것으로 기능해 왔다.

즉 일본의 인종주의의 배경이 되어 온 것이 천황제의 상징작용이고 헤이트 스피치로 분출되는 감정과 천황제의 존재 사이에는 일관된 구조가 있다. 동시에 상징천황제는 제2차 세계대전 이후 '번영'과 '평화'의 어두운 부분인 경제 침략과 전쟁 가담을 '일본인' 성공 신화에서 교묘하게 배제시키는 효과를 발휘해 왔다. 제2차 세계대전 이후 독일처럼 전쟁 책임을 마주하는 방식을 택할 수 없었던 최대의 원인은 명확하게 천황제를 존속시켰기 때문이고 그 결과 동아시아의 국제관계는 크게 악화되었다. 그러나 독일에서도 네오 나치와 이민배척운동이 반복적으로 등장하고 있는 것처럼 내셔널리즘 자체의 문제는 해결되지 못한 상태이다. 천황제를 존속시킨 일본은 독일 이상으로 내셔널리즘이 초래할 배외주의와 자민족 중심주의 경향이 심각하다.

그러나 냉전 이후 상징천황제는 이러한 의미에서 '일본인'의 허구를 재생산하지 못하게 되었다. 그 이유는 세계화 가운데 스스로 솔선수범하여 채용한 신자유주의 정책이 국내에 빈곤과 격차를 가져왔고 이제는 일본인이라는 구분─1970년대에 사용되었던 '1억 총

중류'라는 표현이 전형적이지만—이 성립하지 않고 '일본인'이라는 민족적 속성보다도 계급적인 분단이 점점 선명해지고 있기 때문이다.

더욱이 인터넷의 보급은 국민국가가 '상상된 공동체'라는 점을 지지하며 허구를 대중이 현실적으로 수용하는 데 불가결한 대중매체의 역할을 크게 후퇴시켜, 그 결과 '일본인'이라는 구분에 따른 여론 형성 효과도 현저하게 저하되었다. 이미 고도 성장기에 나타난 도시 인구의 증가와 개인주의적 소비자사회는 주민자치조직 등 전통적인 지역의 동원 조직을 약체화시키고 말았다. 대중매체가 이를 보완하면서 내셔널리즘의 재생산에 반드시 필요한 국민적 이벤트에 대한 심리적 동조와 실제의 동원을 이어 주는 회로를 확보해 왔지만 지금은 이 또한 현저하게 기능부전 상태에 놓여 있다.

그리고 제2차 세계대전 이후의 세대가 다수를 점하면서 전쟁 경험을 공통의 기반에 둔 '일본인'이라는 정체성을 형성하는 전쟁 기억(아시아 민중의 기억과 공유될 수 없는 패배한 침략자로서의 기억)도 공유하기 어려워졌다. 그 결과 국가 이벤트에 천황의 공허한 '말씀'의 문맥을 읽어 내는 상상력에 의존해 온 '일본인'으로서의 정체성은 응집력을 잃고 이완되었다.

이것은 근대국민국가로서 일본을 지탱하는 '일본인'으로서의 정체성 그 자체가 후퇴한 것이 아니라 '일본인'의 내셔널리즘이 현재 일본의 지배 체제를 지지하는 방향으로 수렴되지 않고 있다는 것이다. 내셔널리즘의 응집성 상실과 이완, 그리고 그 결과로 밝혀지지 않는 내셔널리즘의 어두운 면과 그 허구의 분열에 대해 지배층과 내셔널리즘 운동의 세력은 가장 큰 위기감을 느끼고 있으며 내셔널리즘의 재구축을 위해 움직이고 있다.

세계화와 빈곤 속에서 등장해 온 내셔널리즘의 재구축 운동은 대중매체를 매개로 한 위로부터의 동원을 촉매로 하는 대중 동원을 대신하여 인터넷을 구사한 아래로부터의 자연발생적 형태라는 성격을 강하게 가지고 있다. 여기에는 빈곤과 격차에 의한 일본인의 계급적 분단의 현실을 '일본인'과 '외국인'이라는 분단선에 비추어 계급의 문제를 '일본인'의 일자리를 빼앗는 외국인이라는 공식으로 바꾸어 버리는 논리가 작동한다.

그리고 근대 일본이 '일본인'의 내셔널리즘을 재생산하는 데 있어 '일본인'의 민족적 우위성을 칭송하기 위해 반복적으로 이용해 온 '타자'로서의 중국인과 조선인, 또는 아시아 사람들에 대한 편견과 배제의식이 앞서 살펴본 문맥 가운데 '일본인'의 내셔널리즘을 재구축하려고 하는 우파의 언설(이것은 대중매체가 보도할 수 없고 그 대신 인터넷을 매개로 입소문을 통해 유통되는 힘을 가지게 되었다)을 통해 지금 이곳에 있는 '일본인'의 내셔널리즘의 재구축에 있어 최적의 역사 집합적인 기억으로 이어져 정당화된다.

급속한 우익 대중운동의 대두로 인해 빈곤의 확대되는 가운데 빈곤층으로부터 '일자리를 빼앗는 외국인'에 대한 적의가 생겨나 이것을 우익 세력이 이용하는 것으로 보는 관점이 있다. 우익의 프로파간다로서 '일자리를 빼앗는 외국인' 캠페인이 있고 이러한 캠페인이 주로 빈곤층의 증오ressentiment를 이용하고 있다. 지금의 상황으로는 코엔지高円寺 지역의 아마추어의 반란素人の乱(역주: 재활용품 가게를 운영하는 이들이 벌이는 지역 밀착형 문화운동)이나 프리타(역주: 비정규직 파트타임 노동자를 가리키는 단어)의 노동조합, 반빈곤 네트워크(역주: 2007년 빈곤문제를 해결하기 위해 결성된 시민 단체, 노동조합, 법률가, 학자의 모임) 등 넓은 의미의 (20세기의 운동과는 단절된)대항운동에 대한 우익과 보수지배층으로부터의 반공이 어떤 의미에서는 계급전쟁의 양상을 띠고 있다.

이러한 움직임은 일본 고유의 것이라기보다는 세계 자본주의의 주축에서 나타나는 공통된 경향이다. 빈곤층은 실업과 불안정한 취업이 자본의 합리화와 신자유주의 정책을 추진해 온 정부의 정책 결과라고 보고 있으며 직장에서 일하는 외국인 노동자의 열악한 환경도 잘 알고 있기 때문에 여기에는 적대가 아닌 연대의 가능성도 있다. 한편 급속한 경제성장에 의해 선진국으로서의 일본의 지위를 위협하기 시작한 중국에 대해서는, 거대한 인구를 포괄하는 국가를 단순히 시장으로서만 바라보고 새로운 비즈니스 찬스로 바라보는 신자유주의 내셔널리즘이 정당화되어 여기에 내재하고 있는 일본에 위협이 되는 경제력에 대한 증오를 민족적인 적의로 유도하는 정치력도 존재한다.

이런 면에서 본다면 오히려 적대적인 내셔널리즘을 지탱하는 층은 중간층과 상위계층이라고 추측해 볼 수 있다. 이러한 내셔널리즘의 재구축은 그 핵심에 있는 천황제의 제도 설계를 '제2차 세계대전 이후'라는 틀을 걷어 내는 방향으로 실천될 수밖에 없다. 이러한 내셔널리즘의 재구축 운동이 개헌의 과정과 연동되어 개헌을 유도하고 있다는 점 역시 분명하다.

세계화와 빈곤 가운데 응집력을 잃고 이완된 내셔널리즘의 현상을 살펴보면 히로히토에서 아키히토로 이어져온 제2차 세계대전 이후의 상징천황제는 제도 설계 그 자체가 커다란 기능부전에 빠진 것으로 보인다. 우익의 외국인 재외운동과 역사수정주의가 커다란 위협이 되고 있는 것은 사실이지만 이것은 오히려 천황제에 저항해 온 우리들 운동도 역시 세계화와 빈곤의 시대를 유념해 둔 새로운 운동론과 이를 지탱할 이론이 구축되어 있지 않은 결과이다.

반천황제운동만을 놓고 본다면 제2차 세계대전 이후라는 구분 방식으로 논할 수 있는 상징천황제는 앞서 논의한 일종의 종언을 맞이하고 있다고 이해할 필요가 있다. 지금 현재의 천황제가 변질된 것은 앞서 본 것과 같은 세계 자본주의의 구조와 그 내부의 적대관계의 형태를 제2차 세계대전이라는 문맥으로 논해 온 사상과 정치가 아니라 거기서 질적인 전환을 꾀하고 있는 위기의 내셔널리즘이 갖는 새로운 모순으로 인식해야 한다. 이것은 말할 것도 없이 사상과 이론의 과제일 뿐만 아니라 경제, 군사 세계화, 빈곤에 저항하는 민중의 운동이 갖는 과제이기도 하다.

출전: 『impaction』 170호 2009년

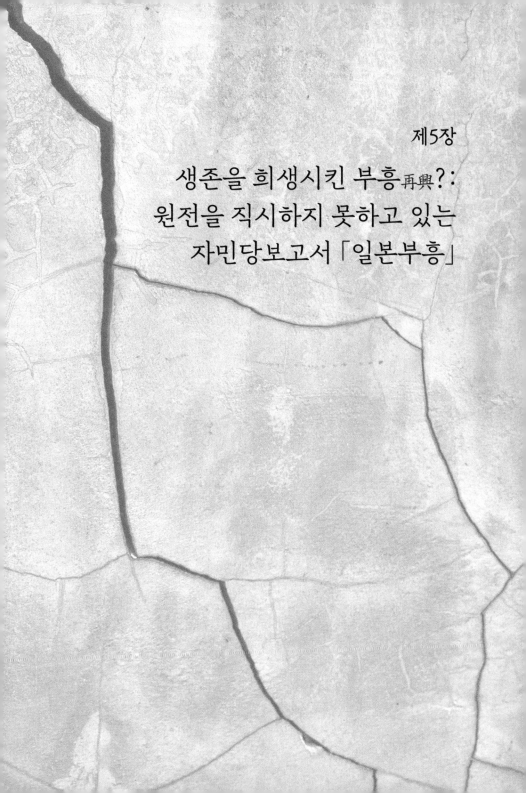

제5장

생존을 희생시킨 부흥再興?:
원전을 직시하지 못하고 있는
자민당보고서「일본부흥」

자민당 국가전략본부가 중장기 정책 보고서 「일본부흥」(2011년)을 발표하였다. 성장전략, 사회보장·재정·고용, 지역 활성화, 국토안전·교통, 외교·안전보장, 교육이라는 6가지 부회部會(역주: 정책 분야별로 정치인이 모여 논의하고 법안을 작성하는 모임)보고를 정리한 것이다.

여론조사의 동향에 따르면 자민당이 정권을 되찾을 가능성이 높은 것으로 나타나며 민주당 정권이 국회 운영에 있어 자민당과 타협 노선을 계속 이어갈 경우 이 보고서에서 언급된 정책은 민주당의 정책으로 받아들여질 가능성이 높다. 이런 의미에서 중장기 전략이라고는 하지만 현 정치 상황과 맞물려 있는 문서라고 할 수 있다.

언론에서 보도하고 있는 것처럼 일본이 당면하고 있는 최대의 과제는 원전 정책이다. 그럼에도 불구하고 이 보고서에는 이처럼 중요한 일본 최대의 과제가 눈에 띄는 형태로 제안되어 있지 않다. 자민당은 제2차 세계대전 이후 일관되게 원전을 추진해 왔지만 이점에 대해 총괄한 부분도 전혀 보이지 않는다. 성장전략 가운데 여론의 동향을 배려하여 재생 가능한 에너지를 에너지 정책의 새로운 축으로 삼은 부분이 있기는 하지만 '재생가능 에너지로 원자력에 의한 발전량을 즉시 대체하는 것은 매우 어렵다'는 서술에서 알 수 있듯이 자민당은 '기존 원전의 지속적 가동'을 기본 정책으로 내세우고 있고 보고서에서 원전 사고가 미친 심각한 영향에 대한 반성을 찾아보는 것은 불가능하다. 『닛케이신문』은 자민당 내부의 사정을 다음과 같이 보도하고 있다.

당내에 중장기 에너지 정책을 정리하는 조직을 마련하고, 위원장에는 야마모토 이치다山本一太가 취임. 8월 초에 정책이 정리될 수 있도록 거의 매일 회의를 열고 있다. 자민당은 "이전처럼 원전을 건설하는 것은 어려울 것이며, 앞으로는 원전의 비중을 줄여 나갈 것이다."(정책조사회 간부의 말 인용)라는 인식에 대해 대부분 일치하고 있다. 원전 정책에 비판적인 고노타로河野太郎만이 "에너지 정책을 근본적으로 되돌아볼 필요가 있다."고 수장하고 있다.

이에 대해 자민당의 에너지 정책을 주도해 온 노다 다케시野田毅 세제 税制조사회장은 "(전력 확보를 위해서는) 원전 재가동을 허가할 수밖에 없다."고 지적한다. 호소다 히로유키細田博之 전직 간사장도 "이제까지 정부가 한 설명이 모두 거짓이기 때문에 그만두라는 것은 감정적인 의견일 뿐이며 현실적이지도 못하다."고 비판하였다. 이처럼 의견 취합이 어려운 상황에서, 8월 초에 마무리되는 신에너지 정책의 방침이 대폭 수정될 가능성은 매우 낮다는 견해가 우세하다.

자민당의 다수파가 원전 전면 폐기 정책을 취할 가능성은 전혀 없지만 이는 민주당도 마찬가지이다. 에너지 정책으로서 원전 추진이 원전 유지라는 말로 바뀐 것에 불과하다. 에너지원의 적절한 안배 구조에 원전을 포함시키는 한, 원전이 없는 에너지는 적절한 안배라고 볼 수 없는 것과 같다.

원전 추진파는 여름철의 전력 부족 위기를 과대 선전하면서 원전의 연명을 꾀하고 있고 무더위가 계속되어 한 번이라도 좋으니 정전사고가 일어나서 원전 재개를 위한 절호의 찬스가 되어 주길 바라고 있는 것은 아닐까 하는 추측을 하고 싶을 정도다. 원전 사고가 가져온 생존의 위기와 지역의 위기보다 '일본' 경제를 우선시하는 발상이 확실하게 드러난다고 봐도 좋다. 생존을 희생시켜서라도 경제(자본을 위한 경제)를 우선시하겠다는 사고방식은 그 뿌리가 깊다.

자민당이 원전 사고를 심각하게 보지 않는 것은 원전폐기가 결정되어 있는 후쿠시마 제1원전의 처리 문제를 전혀 언급하지 않고 있다는 점에서 단적으로 드러난다. 중장기 정책으로서 후쿠시마라는 지역이 수 십 년에 걸쳐 (아마 그 이상의 시간이 필요할 것이다) 떠안게 될 파괴된 원전의 처리와 지역 복구의 관계성이 무시되고 있다는 점에서 지금 이 시기에 발간된 보고로서는 매우 기묘하다고밖에 볼 수 없다. 후쿠시마 제1원전뿐만 아니라 노후화된 원전폐기와 핵폐기물 처리 문제와 같은 막대한 비용 부담을 떠안게 될 문제에 대해서는 관심을 갖지 않고 있다.

원전문제를 무시하는 태도는 국토안전·교통 정책에서도 명확하게 드러난다. 보고서에는 다음과 같이 서술되어 있다.

동해지진과 동남해 및 남해지진이 연동하여 발생할 가능성이 있고 이 경우 동일본 대지진 이상으로 광범위에 걸친 막대한 피해를 입을 가능성이 있다. 경제의 대동맥인 태평양 벨트 지대의 쓰나미, 화재, 지반의 액상화 등으로 막대한 피해를 입게 될 것이라 예상된다.

거대지진의 가능성을 부정하지 않으면서도 원전의 심각한 피해를 명확하게 염두에 둔 대처 방안에 대한 언급은 회피하고 있다. 하마오카 원전에 대한 언급 또한 전혀 없다. 오로지 도로, 항만, 하천

관리 등 사회 인프라에 지진이 미치는 피해에 대해서만 언급되어 있다.

보고서는 "우리는 인간이 자연을 극복한다는 이항대립적인 서양 문명적 가치관과는 달리 고대부터 자연환경과 인간 사회의 조화를 꾀하며 문화와 문명을 발전시켜 왔다"고 서술하며 '자연과 공생'하는 것이 일본의 전통이라는 점이 자랑스럽게 기술되어 있다. 실제로 그렇다면 원전이 어떤 의미에서 '자연환경과 인간 사회의 조화'라는 문화와 접합될 수 있을까? 자연과 공생하는 것은 일본의 이데올로기일 뿐 그것이 현실적으로 유지되어 온 적은 없다.

나는 정치가와 관료가 자연을 언급할 때는 특별히 주의할 필요가 있다고 생각한다. 왜냐하면 '자연'이라는 담론은 어떤 사고와 사건이 일어나거나 어떤 환경 파괴와 공해가 발생하더라도 일본은 '자연과 공생'한다는 전통을 가진 국가이기 때문에 자연을 가벼이 여길 수 없다는 것으로 책임을 회피하는 변명에 불과하기 때문이다.

일본에서 발생한 인공적 재해와 사건, 전쟁 또한 '피할 수 없는 것=자연'으로 받아들이도록 하는 도구가 되어 온 것이 '자연'이라는 담론이다. 자연이라는 언설은 국가의 형태도 사회 체제의 형태도 사람들의 힘으로 변화시킬 수 있는 것이 아니라 '받아들일 수밖에 없는 숙명=자연'으로 여기도록 사람들의 사회 관념을 조정하기 위한 도구가 되어 왔다. 이 보고서는 차기의 총선거에서 원전이 이슈화되는 것을 회피하려는 의도를 가지고 있다고 생각한다. 민주당의 다수파 역시 원전의 존폐는 이슈로 삼고 싶지 않은 주제이기 때문에 일본의 차기 총선거도 '자연'에 맡기면 원전은 이슈가 되지 않을 것이다. 쟁점으로 삼기 위해 새로운 힘이 필요하다는 것은 분명하다.

원전 정책을 회피하고 있는 것과는 다르게 안전보장과 교육에 대한 정책은 반복적으로 서술되어 있는 부분이지만 이들 모두 보수주의 그 자체이다. 안전보장의 분야에서는 핵 보유를 공공연하게 용인하고 집단적 자위권을 명기하고 있다. 헌법 제9조의 제약 등을 전혀 언급하지 않고 집단적 자위권을 강조하는 방침은 현재의 미국 국사외교정책을 전제로 할 경우 매우 위험한 방침이라 할 수 있다. 미일동맹의 틀과 NATO의 틀을 전제로 하는 집단적 자위권은 평화에 기여하는 것이 아니라 미국의 국익을 위해 일본이 세계의 군사분쟁에 가담하는 빈도를 높여 결국에는 평화와 멀어지는 원흉이 될 것이라 단언할 수 있다.

국제관계가 20세기적인 구미 중심 구조에서 비서구 세계 중심 구조로 그 기축이 크게 전환되고 있기 때문에 미일동맹에 집착한 노선을 유지하는 방침은 아시아에서 일본의 고립을 심화시킬 것이다. 그리고 일본이 고립되면 될수록 영토 문제 등 내셔널리즘을 자극하는 정책을 펼질 위험성이 있다. 보고서에는 영토 문제에 대한 언급이 반복되고 있으나, 해결의 방침에 대해서는 나와 있지 않다. 국가를 주어진 것으로 보기 때문에 영토 문제는 해결되지 않고 주변국 사이의 군사적 긴장을 고조된다.

이러한 긴장은 국내의 과잉 내셔널리즘과 배외주의를 조장하고 결국에는 방위·외교의 보수주의를 지탱하는 긴장과 위기의 악순환을 만들어 낸다. 그러나 영토 문제는 국가라는 틀에 집착하기 때문에 문제가 될 뿐이고 국가는 주어진 것이 아니라는 관점을 가지는 것이 오히려 문제를 해결하는 데 필요한 자세이다. 민중의 안전보장(또는 국가안전보장과 대립하는 인간안전보장)이 후기 냉전시대에 주목받아 온 것은 그만큼의 의의가 있기 때문이다.

안전보장을 국가의 이해로만 바라보기 때문에 군사·외교의 위기가 발생하고 이를 통해 내셔널리즘이 자극되고 있다는 점은 민주당 정권 역시 동일하며 자민당과 차이가 없다. 더 이상 경제성장의 신화는 나타나지 않을 것이고 사람들의 좌절도 커져만 가고 있다. 이 가운데 국제관계의 긴장과 애국주의라는 허상에 사람들의 감정을 동원함으로써 현실의 빈곤과 고난을 은폐하는 상투적인 대중정치의 악습에 빠지기 시작한 것은 여당과 야당이 매한가지이다. 존경할 가치를 찾기 어려운 정치가들이 '국가'를 꺼내들고 '국기'와 '국가'를 강조함으로써 애향심(애국심)을 강요하는 모습은, 일본의 정치 파국을 뛰어넘은 곳에 무언가 숭고한 '국가'라고 하는 것이 있는 것과 같은 허상을 심어줌으로써 지금 여기에 있는 국가를 구제하고 싶어 하는 것처럼 보인다.

그러나 '국가'가 지금 여기에 있는 통치 기구를 초월한 숭고한 어떤 것으로 존재한 적은 한 번도 없고 그런 것은 어디에도 존재하지 않는다. 신뢰하기 어려운 정치가와 관료가 집단적으로 구축해 온 시스템만이 제2차 세계대전 이전과 이후를 통괄하는 일본의 본질이고 그 외에 국가의 본질이란 것은 존재하지 않는다. 이런 의미에서 현실 그 자체가 일본에 사는 사람들을 불안전으로 빠뜨려 온 것은 아닐까?

자민당의 보고서에서는 내용이 공허하고 추상적이면 추상적일수록 국가주의적인 틀에 박힌 문체가 눈에 띈다. 대지진과 원전 사고에 대한 대응이 나타내는 것은 사람들이 느끼는 생존의 위기에 정치가 대응하지 못하고 사람들을 불안과 불안전의 상황에 내버려 두는 것 이외에 정치가 할 수 있는 것이 없다는 의미에서 '국가의 한계=통치의 위기'라고 할 수 있다. 이와 같은 현실 통치 기구의 위기를 숭고한 '국가'의 위기로 바꾸어 사람들의 생존 위기를 국가의 위기로밖에 대처하지 못하는 한계가 현재의 대지진과 원전 사고에 대한 정부와 자민당의 대응에서 노골적으로 드러나는 게 아닐까?

'힘내라 일본'이라는 마치 올림픽 경기와 같은 슬로건은 상황의 본질을 교묘하게 얼버무리고 있는 단적인 예라고 할 수 있다. 힘을 다해 살아갈 수밖에 없는 힘을 내는 것이 강요되는 상황에서 볼 때 '힘내라 일본'은 이와 같은 강제적 환경과 상황을 희석하는 슬로건이다.

여기서 '힘을 내다'라는 표현은 '일본'이라는 추상적인 관념에 수렴될 수 있는 수준의 것이 아니다. 피해지역에서 살아갈 수밖에 없는 사람들과 원전 피해로부터 도망칠 수 없는 환경에서 살아가야만 하는 사람들 한 명 한 명은 그들의 생존에 대해 책임을 져야 하는 정부와 도쿄전력의 경영 및 재계와 한 몸이라 볼 수 없다. 책임을 애매하게 하는 슬로건을 허용해서도 안 되지만 '국가'가 허상을 동반하여 등장할 때 일본 내부에 있는 이해와 모순은 오히려 은폐되고 만다.

국가라는 '시스템'은 자연스러운 것도 아니고 숭고한 공동체도 아니며, 인공적인 통치의 구축물이다. 이와 같은 시스템의 위기를 숭고한 국가적 공동성의 재건에 의해 뛰어 넘는 것은 비극을 반복하는 결과밖에 되지 않는다. 원전 사고와 관련된 재해가 우리들에게 가르쳐 준 최대의 교훈은 국가에 수렴되고 마는 정치에는 반드시 결정적인 한계가 있다는 점이다.

자민당의 보고서는 이전에 정권을 잡고 있었고 장래에 정권을 되찾을 가능성이 높은 정당이 지금 여기에 있는 생존의 위기를 충분히 받아들이지 못하고 있다는 것을 단적으로 보여 주고 있으며 이것은 민주당의 대응 수준과도 크게 다르지 않을 것이라는 점 또한 쉽게 예상할 수 있다. 우리에게 이것을 숙명으로 받아들이는 절망 밖에 남겨진 것이 없다고 단념해 버리는 것은 그들이 바라는 것이기도 하다. 국가의 한계와 지금의 경제가 맞닥뜨린 잔혹한 현실을 직시하면서 통치와 경제를 완전히 새로운 것으로 만들어 가는 상상력까지 우리들이 포기할 필요는 전혀 없다.

출전: 블로그 2011년 7월 21일

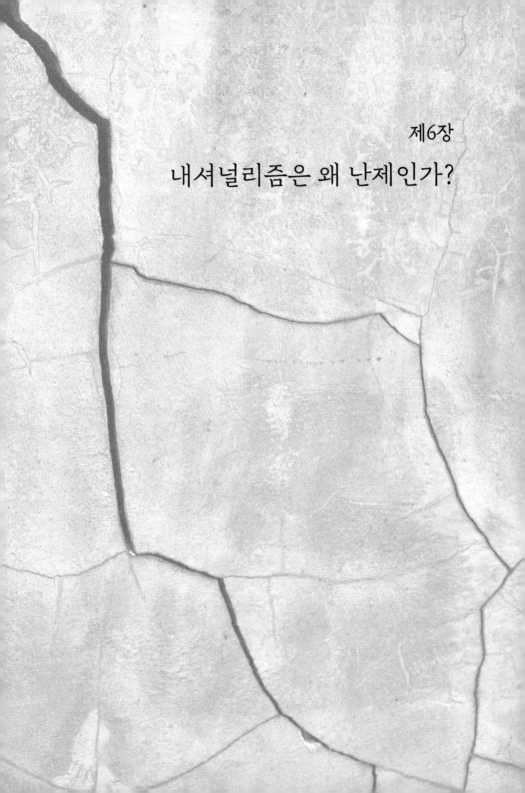

제6장

내셔널리즘은 왜 난제인가?

'내셔널리즘'은 난제이다. 필자가 이제까지 내셔널리즘에 대해 논의한 글에서 핵심을 찌르는 논점을 제시한 적은 한 번도 없다. 일본의 내셔널리즘 문제는 천황제의 문제와 불가분의 관계에 있다고는 하지만 천황제 문제로 환원될 수는 없다. 다케우치 요시미竹內好(역주: 중국문학자, 문예평론가, 1910~1977)가 천황제는 "나무 한 그루 풀 한 포기에도 깃들어 있다"고 한 문장에는 '천황'이나 '일본', '일본인'과 같은 언어가 명시적으로 언급되어 있지는 않지만 평범한 일상생활의 태도, 감정 표현, 가치관에 표출되는 '일본인' 대중의 무의식이 천황제를 논하는 데 있어 빠질 수 없는 논점이 된다는 점을 강조하고 있다.

  그러나 다른 한편으로 의식적으로 내셔널리즘을 고무하는 정치가와 지식인의 태도나 발언이 대중의 무의식에 영향을 주고 일종의 내셔널리즘을 육성하여 하나의 사회·정치적 세력이 되는 것도 가볍게 볼 수만은 없다. 그렇기 때문에 대부분 다양한 현상에서 내셔널리즘의 징후를 암시적 또는 명시적으로 찾아내는 것은 어렵지 않음에도 불구하고, 어떤 의미에서는 기묘하다고도 볼 수 있지만, 오랜 기간 긍정적, 부정적으로 논의되어 온 '내셔널리즘'이라는 단어 그 자체가 지칭하는 대상이 도대체 무엇인가' 하는 점은 항상 어딘가 애매한 채로 남아 있다. 내셔널리즘에 대해 논할 때에도 논의한 내용에서 누락되는 부분이 생기고 이와 같은 잔여 그 자체가 내셔널리즘의 핵심과 연결된 무언가를 포함하고 있음에 틀림없다는 직감을 부정하기 어렵다.

필자는 '일본인'이라는 정체성을 가진 사람들의 내셔널리즘이란 천황과의 '가까운 거리감'을 심정적으로 느끼는 정신체계라는 점을 이제까지 몇 번이나 강조해 왔다. 이는 플러스 눈금이 새겨진 심정의 좌표축을 애초부터 갖지 않은 사람들의 경우 천황과의 거리를 측정할 방법이 없고 '일본인'이라는 정체성을 가지는 것도 곤란하다는 것을 의미한다. 이런 심정적 좌표로 구성되는 일본의 내셔널리즘은 '일본인'의 일상생활의 관습 배후에 있는 무의식으로 완비된 자이로스코프gyroscope(역주: 팽이의 회전이 어떠한 방향으로도 일어날 수 있는 회전의)와 같은 존재로서 그 행동과 방향을 직감이나 실감 같은 이성적인 판단이 아닌 별개의 회로를 통해 대중의식을 구축해 가는 것처럼 보인다.

다른 한편으로 내셔널리즘을 일반론으로 논하는 경우 또는 세계의 공통된 주제 가운데 하나로서 내셔널리즘을 시야에 넣어 생각할 경우 일본의 내셔널리즘을 천황제와의 관계로만 바라보고 거기서 무언가 보편적인 정의로 통하는 것처럼 논하는 것도 충분하지 않다고 생각한다. 이 짧은 에세이는 단지 일본의 내셔널리즘에 대해 논하는 것이지만 내셔널리즘은 세계적인 현상이기 때문에 내셔널리즘을 일종의 근대사회의 보편적인 것으로 취급하면서 일본의 고유성과 주변 국가들에도 있는 내셔널리즘과의 차이를 가볍게 보거나 간과해서는 안 된다. 이와 같은 양면을 파악하여 내셔널리즘 그 자체를 비판적으로 논하는 것이 필수 불가결한 작업일 것이다.

ଊଓଷ

노다野田수상(역주: 일본의 제95대 수상, 재임기간은 2011년 9월~2012년 12월)은 2012년 11월 16일 기자회견에서 '내셔널리즘'이라는 단어를 언급했다. 수상이 내셔널리즘에 대해 언급하는 것은 매우 드문 일이다.

안타깝게도 외교·안전보장을 강한 어조로 주장하면 된다는 식의 풍조가 강화되어 왔다고 생각됩니다. 양극단으로 치우친 논의에서는 진실한 해결책을 찾을 수 없습니다. 건전한 내셔널리즘이 필요합니다. 극단으로 치닫게 되면 배외주의로 이어집니다. 그러한 분위기에 영향을 받는 외교·안전보장 정책은 일본을 위태롭게 할 것입니다.

노다가 말하는 '건전한' 내셔널리즘과 '극단적인' 내셔널리즘, 또는 '배외주의'가 어떻게 구별되는가를 진중하게 모색해 나가는 것은 시간낭비이다. 누구든지 내셔널리즘을 긍정적인 문맥에서 언급할 때에는 그것이 아무리 극단적이라 할지라도 건전하다는 수사법을 동반하기 때문이다. 필자는 센카쿠尖閣(역주: 대만과 오키나와 사이에 있는 섬 지역으로 중국과 일본이 영유권을 주장하는 지역) 지역의 국유화가 극우 성향의 이시하라 신타로石原慎太郎(역주: 일본의 작가, 정치인으로 1999년부터 2012년까지 도쿄도지사를 역임, 1932~)가 이끄는 극단의 내셔널리즘, 배외주의라고 판단하지만, '극단'으로 치우치지 않는 '건전한' 내셔널리즘과 '배외주의'를 동반하지 않는 내셔널리즘이 존재할 리는 없다.

내셔널리즘은 '일본'과 '일본인'이라는 다발을 전제로 하며 그곳에 자타 구별의 경계를 설정하고자 하는 의식과 뗄 수 없다는 점이 노다의 발언에서 단적으로 표현되어 있다. 내셔널리즘의 심정은 일본과 일본인, 그리고 그 이외의 것 사이에 구별(차별)을 만들어 내는

'주의'를 긍정하는 것이기 때문에 이에 대해 한 나라의 수상이 공언했다는 점의 의미는 중대하다.

　여기서 필자가 언급하는 '그 외'란 총리의 발언에서 언급한 '일본인'이라면 누구나 직감적으로 이해하는 것처럼 오로지 중국, 대만, 남북조선을 가리키며 미국과 서구 여러 나라들을 의미하는 것은 아니다. 이것이 제2차 세계대전 이후의 '일본' 및 '일본인'과 타자 사이에 그어진 암묵의 경계가 갖는 특징이다. 그리고 이와 같은 자타의 구별(차별)에 있어서 '일본'과 '일본인'이라는 존재의 편에 선다는 의지의 표명이 바로 내셔널리즘이다. 이는 제2차 세계대전 이후 일본의 내셔널리즘의 최종적 종착점이 허위의식으로서의 민족과 종교의 감정을 동원하면서도, 제2차 세계대전 이후의 근대국가의 정통성을 재생산하는 정신과 심정, 즉 '국민'으로서의 감정체계에 있다는 것을 나타낸다.

୫୦୯ଓ

　제2차 세계대전 이후 일본의 내셔널리즘은 민족주의나 국수주의와 달리 '국민주의'라는 내셔널리즘에 초점이 맞추어져 있었다는 것이 하나의 특징일지도 모른다. 그러나 이와 같은 국민주의는 내셔널리즘의 일반적인 정의에는 해당하지 않을 것이다. 일본 근대의 역사 전체를 통틀어 봐도 일본의 내셔널리즘을 국민주의로서, 즉

'네이션'을 '국민'으로 바꾸어 읽는 것만으로는 충분히 파악되지 않는 부분이 있기 때문이다.

식민지를 가지고 '제국'의 체제를 갖추고 있었던 시기의 일본 내셔널리즘을 제2차 세계대전 이후 일본의 '국민주의'라는 필터를 통해 해석해 버린다면 침략을 정당화하는 중요한 이데올로기로서의 측면이 누락될 것이 뻔하다. 즉 실제적인 감각인 식민지주의를 이데올로기의 측면에서 지탱한 여러 '아시아주의'라는 틀이 경시되고 만다. 아시아주의는 국민주의라는 틀로 환원될 수 없는 제국의 제국으로서의 픽션 작법이기 때문이다.

근대 서구가 세계 규모의 제국을 추구하면서 구축하려고 했던 세계관이 보편주의였던 것처럼 아시아주의 역시 영토에 대한 욕망의 확장으로 규정되는 의식의 산물이었다. 이에 반해 제2차 세계대전 이후 일본은 전쟁 기간 동안 적이었던 미국의 편에 서서 '오족협화五族協和'(역주: 만주국의 민족정책 표어로 일본인, 조선인, 만주족, 몽골적, 한족의 협력을 추구)의 '동포'를 도의적으로도 이데올로기적으로도 배반하는 것에 적극적으로 동조하면서 구축된 특이한 내셔널리즘을 그 핵심으로 하여 성립해 왔다. 일본은 적에게 영혼을 판 내셔널리스트이기 때문에 일본 최대의 영토 문제인 미군기지에 대해서는 한 마디의 비난도 하지 못한 채 '섬'의 영유권을 둘러싼 문제에만 지나치게 매달리는 모습을 보이고 있다. 이는 제2차 세계대전 이후 무감각적으로 친미 내셔널리즘으로 전향한 일본의 근대를 닮은 아시아주의를 포함한 내셔널리즘 기만의 병리현상을 여실히 나타내고 있다.

⋘⋙

타락하고 부패한 존재를 아무리 드러낸다고 하더라도 내셔널리즘에는 지금 여기에 있는 국가와 국민에 자신을 동일시할 수밖에 없다는 것을 선언하는 태도가 반드시 동반된다. 지금은 타락과 부패한 측면이 드러나 있더라도 이러한 현실에 대해 본래 ('실제'라든지 '전통' 등으로 다양하게 형용되지만) 국가와 국민은 뛰어나고 자랑스러운 존재였으며 그와 같은 역사를 가지고 있었기 때문에 장래에 이를 회복할 것이라는 이야기로 타락과 부패의 측면에 서있는 것에 대한 정당성을 주장한다. 자랑할 만한 역사는 신화와 종교적인 윤리, 전쟁의 영웅담과 같은 이야기에 의해 재구성된다. 민족, 종교, 혁명을 포함한 국가와 국민 만들기에 대한 기억이 때로는 내셔널리즘의 필수적 요건으로 반복되어 재생산된다.

제2차 세계대전 이후의 타락에 대해 제2차 세계대전 시기의 아시아주의가 달성한 이데올로기상의 효과란 고도성장기에는 따라잡아야만 하는 서구 선진국과의 경쟁을 배경으로 한 '근대의 극복'이었고, 저성장 시대부터 냉전 이후의 세계에 있어서는 포스트모던과 아시아 세기의 '근대의 극복'이었다. 아시아주의는 '일본의 사상적, 문화적 특이성=우위성'을 모색해 온 지식인의 격투 일화로 재사용되어 왔다. '섬'의 영유와 같은 문제가 일어나기 직전까지 일본의 내셔널리즘은 동아시아공동체와 같은 구상을 통해 제국의 꿈을 이루고자 하였으나, 그 꿈은 사라져 버렸다. 근린국가의 반일감정이 고양되는 것에 동요되고 일본의 친미 내셔널리즘은 오히려 근린국가에 적의를 통해서만 자신의 정체성을 유지할 수 있다는 데까지 이르게 된 것이 아닐까?

이 에세이의 서두에서 논했던 천황과의 '가까운 거리감'에 대한 심정의 좌표축은 한편으로는 적의에 가득한 배외주의와 연이 없어 보인다. 그러나 이 좌표축이 근대 일본의 내셔널리즘에서 일관되게 가지고 온 아시아와의 거리를 측정하는 척도가 되어 있음을 간과하지 않는다면, 침묵하는 무의식만이 적의와 격정적 감정에 에너지를 공급하는 근원이 된다는 것을 이해할 수 있을 것이다.

출전: 반천황제운동연락회 「반천황제운동 몬스터」 35호 2012년 12월

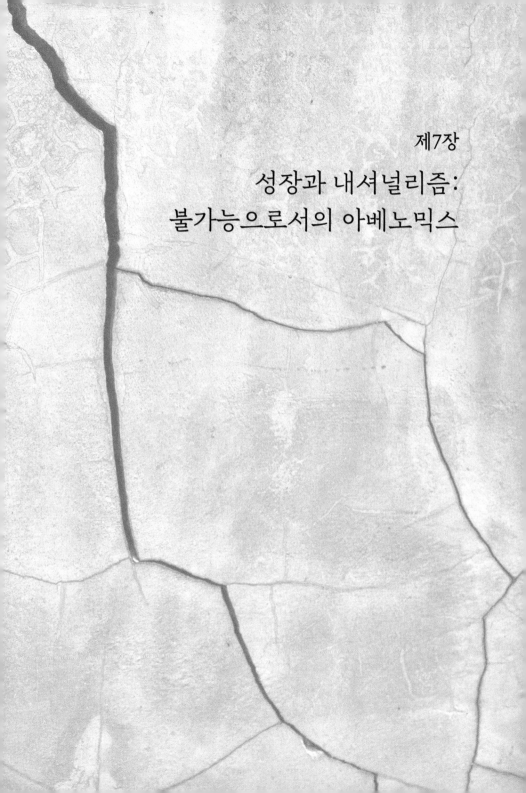

제7장

성장과 내셔널리즘:
불가능으로서의 아베노믹스

아베安倍 정권(역주: 제90대, 제96~98대 총리, 제90대 총리의 재임기간은 2006년 9월~2007년 9월, 제96~98대 총리의 재임기간은 2012년 12월~2020년 9월)은 민주주의적 합의 형성이 필요로 하는 토의의 시간을 비효율적이라 보고 강한 리더십을 전면에 내세움으로써 극우 노선의 정책을 꾀하고 있다.

2014년 7월에 치러질 참의원 선거를 겨냥하여 정권발족 초기에 이미 보정예산을 13조 엔 이상 책정하였을 뿐만 아니라 사업 규모 전체로 볼 때 20조 엔을 넘는 '일본 경제 재생을 향한 긴급경제대책'을 꾸렸다. 원전 재가동을 추진하고 기후변동에 대해서도 무책임하게 대응하면서 환경 문제보다 자본의 이익을 우선시하고 있으며 경기 회복을 최우선 과제로 하여 즉각적인 효과를 내겠다는 인상을 주었다.

　후쿠시마 원전 사고의 복구가 얽혀 있는 공공투자를 중심으로 대규모 재정지출, 안전과 주가 상승과 같은 알기 쉬운 경기지표, 노동조합을 배제한 채 일부의 대규모 자본과 손을 맞잡아 연출한 임금 인상, 이러한 퍼포먼스를 '메스=소셜 미디어'를 통해 증폭시킴으로써 대중이 경기 회복을 실감할 수 있게 하면서 지지율을 교묘하게 획득하고 있다. 아베 정권에 있어 '참의원 선거의 압도적인 승리=장기 안정 정권의 확립'은 지상명제라고 할 수 있다. 따라서 이러한 정책은 전술적인 대응이긴 하지만, 장기적으로 보면 구조적 위기는 오히려 심각해지고 있다고 볼 수 있다.

　아베 정권은 2012년 12월 24일에 발표한 '기본방침'에서 경제 재생, 외교 및 안전보장의 재생, 교육 재생, 살림살이 재생이라는 4가지의 축을 세웠다. 그리고 경제 재생에 대해서는 대담한 금융정책, 기동적인 재정정책, 민간 투자를 환기하는 성장전략을 '세 개의 화살'이라 칭하며 최우선의 개혁과제로 삼았다. 나는 극우 정권이 이데올로기보다도 경제를 우선시킨 점에 주목하고 싶다. 이제까지 전통적으로 일본의 극우 이데올로기가 친미 내셔널리즘이라는 특이한 내셔널리즘을 축으로 아시아, 특히 중국이나 한국 등 동아시아 국가들을 적대시하는 가치관에 그 존재 이유를 두고 있었다는 점을 감안하면 이것은 커다란 진환이라고 볼 수 있다.

아베는 이데올로기의 면에서 '가상의 적'인 중국과 영토를 둘러싼 마찰이 심각해지고 있는 가운데 치러진 총선거에서 대중 강경 노선을 선동하는 발언을 반복하였으나, 정권을 잡은 이후에는 그간의 과격한 언설과는 달리 구체적인 외교와 안전보장 문제에 대해 소극적인 태도를 보이고 있다. 오히려 경제 재생이 정부 정책의 중심이 되었다.

일본민족의 우월성을 이데올로기로 구축할 때 일본 근대의 내셔널리즘은 오로지 경제를 민족적 우위, 특히 아시아에서 선진국임을 증명하는 데 사용되어 왔다. 제국주의는 군사 및 외교상의 우위를 경제적 우위와 연결 짓는 식민지주의에 의해 실체가 담보되는 체제였고, 제2차 세계대전 이후 일본은 경제 내셔널리즘을 오로지 경제제국주의로 구축하는 데 집중할 수밖에 없었다.

그러나 이러한 체제는 1980년대 이후 일본의 자본주의가 세계 자본주의에 통합되면서 점점 흔들리기 시작했다. 장기 정체와 국제경쟁력 저하, 특히 GDP에서 세계 2위의 지위를 중국에게 양보한 것이 일본의 내셔널리즘 그 자체의 위기를 가져왔다. 아베 정권은 이러한 위기의 근원에 있는 규제완화와 일본적 개혁개방정책에 손을 대기 보다는 역으로 규제를 한층 완화하여 경제적 우위를 되찾기 위해 노력하는 전략을 택하였다. 이러한 선택은 경제적 우위성을 기반으로 하여 성립되어 온 일본의 내셔널리즘에 있어 유일한 선택지였다. 아베 정권은 경제 내셔널리즘의 재건 없이 문자 그대로의 의미에서 이데올로기로서의 내셔널리즘(배외주의적 민족주의, 헌법 제9조 개헌으로 대표되는 군사안전보장, 천황의 원수화 등)의 재구축도 불가능하다고 보고 있음이 분명하다.

아베는 소신표명 연설에서 '디플레이션과 엔고의 진흙탕에서 빠져나오지 못하고 50조 엔으로 추정되는 규모의 국민 소득과 산업의 경쟁력이 소실되어 아무리 열심히 일해도 살림살이가 나라지지 않는 일본 경제의 위기'를 지적하고, 이러한 현상에 대한 기본적인 대응 방침을 다음과 같이 단적으로 언급하였다.

정부가 아무리 소득 분배에 힘쓰더라도 지속적인 경제성장을 통해 부를 창출해 내지 못하면 경제 전체의 파이는 줄어들고 맙니다. 그렇게 되면 개인이 아무리 노력해도 개인의 손안에 들어오는 소득은 줄어들 뿐입니다. 우리들의 안심을 지탱할 사회보장 기반 역시 위태로워질 수밖에 없습니다.*

빈곤, 실업, 소득격차의 원인을 경제성장의 정체에서 찾고 그 해

---

* 수상소신표명연설, 경제재생본부 등 정부 관련 데이터는 인터넷상에 공개된 정부 홈페이지로부터 인용하였다. 일일이 URL을 명기하지는 않았으나 '전자정부'의 웹에서 본문에서 사용한 데이터 명으로 검색하면 쉽게 원문을 건색할 수 있다. 전지정부의 URL은 http://www.e-gov.go.jp/

결을 경제성장에 의해 경제 전체의 부를 확대하는 것으로 해결하려고 하는 발상은 낙수효과로 알려진 것이다. 이러한 정책이 성공하기 위한 조건은 무엇보다도 국제 경쟁에서 승리하고 목표로 하는 성장을 달성하는 동시에 이러한 성장의 과실을 통해 빈곤과 실업을 해결할 수 있도록 소득 재분배를 재조절하는 것이다. 특히 고령화된 일본의 경우 경제성장의 기반이 될 수 없는 고령자 인구의 생존 보장에 소득을 재분배하지 않으면 안 된다.

그러나 경제성장을 최우선으로 할 경우 이와 같은 소득 재분배보다 자본 축적에 직접 기여하는 재정정책을 중시해 나갈 수밖에 없다. 신자유주의로 인한 규제완화의 압력 속에서 국내자본이 불이익을 받지 않도록 하는 재정적 조치를 없애는 것은 성장전략 중시의 재정정책을 제도화·구조화하게 되고 결국 소득 불평등이 구조화되어 빈곤, 실업, 격차의 확대를 해소하는 것은 점점 곤란해질 가능성이 높다. 복지와 사회보장을 통한 소득 재분배는 시장 경제의 자동조절 메커니즘에 의해 실현될 수 없고 정치가 시장 경제에 개입하지 않는 한 실현될 수 없다.

더욱이 자본은 이러한 소득 재분배를 막으려고 하고 있으며 자본의 이해를 실현시키는 정부 역시 성장을 한층 강하게 추진하기 위해서는 소득 재분배에 소극적일 수밖에 없다. 낙수효과는 정치선언으로서 효과를 발휘할 수 있지만 그 자체가 현실의 소득 재분배를 약속할 수는 없다. 정부가 성장의 과실을 국민에게 평등하게 배분하기 위해 진정으로 뛰어든다면 성장의 과실을 자본이 독점하는 시장의 메커니즘을 규제하고, 자본에 불리한 소득 재분배의 제도화에 착수해야 할 것이나, 이것은 빈곤과 싸우는 민중의 사회 운동의 저항력에 의지할 뿐, 성장 전략 최우선을 추구하는 아베 정권에게 이를 기대할 수는 없다.

8003

아베 정권이 내세운 성장전략에 성공의 가능성은 있는 것일까? 이 전략이 성공하지 않으면 아베 정권의 모든 경제재성정책은 한 번에 무너져 버릴 것이다. 뒤에서 논하겠지만 나는 성공의 가능성은 거의 없다고 판단하고 있다. 그 이유는 일본의 국내 사정 때문이라기보다는 이 현상이 세계 자본주의의 중추인 선진국에서 나타나는 공통적 위기이고 일본이 혼자서 해결할 수 없는 문제이기 때문이다.

공약을 기초로 하여 설치된 일본경제재생본부가 공표한 '일본경제재생에 따른 긴급경제대책'의 서두부분에서 현재의 위기적 경제 상황에 대한 인식과 그에 대한 기본적인 대책은 다음과 같이 서술되어 있다.

일본 경제는 엔고 현상과 디플레이션이 장기 지속되어 명목 GDP는 3년 전의 수준과 거의 동일한 수준에 머물러 있습니다. 제조업의 경쟁력은 저하되고 무역적자는 확대되고 있습니다. 눈앞에 보이는 과도한 엔고의 움직임은 줄어들고 있지만, 국내의 성장 기회와 청년 고용의 축소, 복구 사업의 지연 등 불안감을 불식시킬 수 없는 상황도 지속되고 있습니다. 더욱이 작년 후반부터는 경기 최저수준이 또 한 번 갱신될 수도 있다는 염려가 이어지고 있습니다.

지금이야말로 이러한 상황에서 탈피하여 일본 경제를 대담하게 재생시켜 나가지 않으면 안 됩니다. 이를 위해 동일본 대지진의 복구 작업을 가시화하여 크게 전진시켜야 합니다. 또한 정책의 기본 철학을 '축소균형의 분배정책'에서 '성장과 부의 창출의 선순환'으로 전환시켜 '강한 경제'를 되돌리는 데 전력을 다해야 합니다. 먼저 경기가 더 이상 악화되는 것을 막고 민간 투자를 환기하여 지속적 성장을 만들어 내는 성장전략을 이어가야 합니다.

정치적인 문서는 단도직입적으로 서술되어 있지 않기 때문에 어느 정도의 추측을 피할 수 없다. 여기서 말하는 내용의 핵심을 추측해 보면 '축소 균형의 배분 정책'이라는 말로 집약될 수 있다. 바꿔 말하면 이전의 경제 정책에서는 경제 성장을 지지하는 자본 투자를 촉진하도록 재정지출이 이루어지지 않고, 복지와 사회보장 등의 비생산적 분야에 재정 지출이 편중되어 있었던 점을 지적하는 것이다.

여기서 언급하는 성장 전략이란 일본 경제에서 국제 경쟁력을 유지하고 있는 분야에 국가 자금을 집중적으로 투입하여 성장을 자극하는 것을 최우선의 과제로 하는 것이고 이는 장래에 이러한 분야를 확대하면서 열악한 분야를 떼어낼 준비를 한다는 것을 의미한다. 다음의 지적은 이를 단적으로 표명하고 있다.

재정, 세제, 규제개혁, 금융정책 등의 도구를 구사하여 선진설비투자와 혁신적 연구 개발 등의 민간 투자를 환시하고 지속적인 성장을 통해 부를 창출하기 위해 '세계에서 가장 기업이 활동하기 쉬운 국가', '개인의 가능성이 최대한으로 발휘되어 고용과 소득이 확대되는 국가'를 추구함과 동시에 해외 투자 수익의 국제 환원을 일본의 성장으로 이어나갈 수 있는 국제 전략을 추구하고 '무역 주력국가'와 '산업투자 주력국가'의 두 엔진이 서로 상승효과를 발휘하는 '하이브리드 경제 주력국가'를 추구합니다.

'세계에서 기업이 활동하기 가장 쉬운 국가'란 자유 무역을 추진하고 동시에 국내 최대의 규제요인인 '노동력'(역주: 필자는 노동력을 발휘하는 개인이 자신의 능력 가운데 어느 정도를 노동으로 실현해 낼 것인가는 불확실하다는 입장을 가지고 있다. 이런 의미에서 작은 따옴표로 나타낸 노동력은 잠재력으로서의 노동력을 의미한다)에 대한 규제를 완화한 국가를 의미한다. 이는 정권 발족과 동시에 앞 다투어 설치된 산업경쟁력회의, 경제재정자문회의, 규제개혁회의 등에서 정규 고용 노동자의 해고 조건의 규제 완화 요구가 등장했던 것에 구체적으로 드러나 있다.

예를 들면, 경제재정자문회의의 멤버 가운데 네 명이 「고용과 소득의 증대를 위해」라는 제목의 리포트를 제출하여 고용의 유동성을 높일 것을 제언하였다. 이 리포트의 제출자 중 한 명인 일본종합연구소이사장 다카하시 스스무高橋 進(역주: 일본의 경제학자, 2013년부터 6년 동안 일본 내각부 경제재정자문회의의 의원을 역임, 1953~)는 회의석상에서 이 리포트를 설명할 때 '사업과 산업의 구조 전환에 따라 노동이동이 일어난다. 이것을 원활하게 이루어가기 위해서는 퇴직과 관련된 매니지먼트의 형태에 대해서도 금기 없이 재검토해야 하지 않을까'라는 발언을 했다. 그는 고령자를 중심으로 하는 현행 사회보장제도를 현역 세대에 대한 지원으로 옮길 것을 제언했다. 즉 산업 경쟁력의 강화를 위해 자본에 의한 노동자 해고가 이루어지기 쉬운 제도를 만들고 이를 위해 발생하는 사회적 마찰 비용을 국가 재정으로 보충할 필요가 있다는 논리이다.

이러한 성장전략에 있어서 방해요인으로만 작용하고 더 이상 '노동력'으로서 역할을 다하지 못하는 고령인구를 사회보장에서도 제외해야 한다는 논의이다. 경제재정회의에서는 사회보장과 복지, 또는 노동자 측의 이해를 대표하는 사람은 전혀 참여하지 않은 극적으로 편향된 멤버로 구성되어 있으며 다카하시 등의 주장이 앞으로 주도권을 가질 것은 틀림없는 사실이다. 정부가 직접 주장하기 어려운 금기를 건드는 논점을 민간의 멤버가 대변하는 것은 정부의 상투적인 수단이다.

주류파의 경제학자가 경제학의 교과서 그대로의 경제성장을 달성할 수 없는 요인 중 하나는 노동시장의 유동성이 제도적으로 규제되어 있거나 노동자의 권리가 보호된 반면 자본의 자유가 침해받고 있는 현실에 있다. 나는 교과서가 틀렸다고 생각하지 않는다. '세계에서 기업이 활동하기 가장 쉬운 국가'란 기업에 있어 가장 다루기 어려운 인적자본으로서의 '노동력'을 문자 그대로의 상품과 동일하게 자유롭게 활용할 수 있는 국가를 만드는 것이다. 자본주의적 시장 경제를 유지하는 한 정책을 펼치더라도 노동자와 민중의 권리와 자본의 자유와의 대립을 피하기는 어려울 것이다.*

---

* 이와 같은 노동시장의 규제완화, 즉 정규직과 비정규직의 경계를 애매하게 하면서 고용구조의 기본이 비정규고용으로 전환되는 것은 불가피하게 불안정한 취직을 한 비정규직 노동자에게만 심각한 노동문제를 일으키는 것이 아니다. 역으로 정규직으로 고용된 노동자가 규제완화에 저항하는 운동을 통해 비정규직 노동자를 점점 배제하고 스스로의 기득권만 옹호하려고 한다면, 정규직과 비정규직의 노동지 시이에 갈등만 커지게 될 것이다.

아베 정권의 경제 재생 전략을 조금 넓은 문맥에서 살펴보자. 아베 정권에 대한 높은 지지율을 지탱하고 있는 것은 국내 정치 이슈에서는 경제 회복에 대한 기대이고 외교적인 이슈에서는 중국을 주요 표적으로 하는 '우오쓰리=센카쿠'(역주: 대만과 오키나와 사이에 있는 섬 지역으로 중국과 일본이 영유권을 주장하고 있는 지역)를 둘러싼 영토 문제에 대해 강경하게 대응해 줄 것에 대한 기대감이다. 그러나 일본 경제회복에 있어 중국 시장을 획득하는 것은 필수조건이며 영토 문제에 강경한 태도를 취하는 것은 중국시장에 대한 비즈니스 찬스를 눈앞에서 포기하고 한국 등 신흥국과 구미 자본에 어업 이익을 빼앗기는 것을 의미한다. 바꿔 말하면, 경제 내셔널리즘과 영토 내셔널리즘(군사와 안전보장 내셔널리즘)의 사이에는 짝할 수 없는 딜레마가 존재하고 있다.

영토 문제는 우발적인 물리적 충돌을 계기로 무력 충돌로 번질 수 있는 가능성이 있는 매우 민감한 외교 및 안전보장상의 문제이다. 우발적이라도 중일 양쪽의 여론은 결코 우발적이라는 점을 납득하지 못할 것이고 일단 무력 충돌이 일어나면 문제는 심각해지는 한편, 화해에 걸리는 시간은 10년을 들여도 모자랄 것이다.

그러나 일본의 여론은 무력 충돌이 국가 사이에 어떠한 위기를 불러일으킬 것인가에 대해 충분히 냉정하게 판단하지 못하고 있다.

마치 스포츠 국제시합의 승부를 겨루듯이 전쟁을 부추기고 있는 것처럼 보인다. 더욱이 의회제 민주주의가 여론에 의해 좌우되기 때문에 일본유신회(역주: 일본의 우파정당, 2015년 오사카 유신회로 결성되어 2016년부터 일본유신회로 당명을 변경하여 현재에 이르고 있음)등 극우 야당 세력의 호전적인 여론에 좌우되어 자민당이 7월의 참의원 선거에서 지지를 획득하고자 열을 올리고 있고 이전의 노다 내각이 언론의 틀을 넘어 섬 지역의 국유화 추진과 같은 권력을 행사한 것과 동일하게 또는 그 이상의 행동에 돌입할 가능성도 있다.

중국은 전쟁에 대한 위기감을 실제로 가지고 있는 것처럼 보이며 그만큼 회피의 중요성에 대한 인식도 높은 것처럼 보인다. 이것은 역설적인 표현이 되겠지만 전쟁 포기 조항을 헌법에 가지고 있는 일본이 자위대의 행동을 가볍게 여기고 있는(헌법 제9조에 귀속되어 있기 때문에 자위대는 군대와 같은 행동은 할 수 없을 것이라는 관점) 데 반해, 중국은 정식 군대를 보유하고 있고 군을 움직이는 것이 정치 과정에 명확하게 정해져 있기 때문에 군의 정치에 대한 영향력 역시 크다고 볼 수 있다. 그만큼 무력 행사에 대한 위기감은 강하다고 말할 수 있다.

일본이 중국의 경제 수준보다 훨씬 높았던 시대와는 달리, 중국이 일본 자본의 강력한 경쟁 상대가 되어 가면서 일본의 경제 내셔널리즘은 압도적인 경제적 우위(우월감)로 증명된 고도성장과 버블 경기에 이르는 시대에서 버블 붕괴 이후 우위성에 대한 위기의식과 증오를 동반되는 형태로 서서히 변화하고 있는 것처럼 보인다. 생산의 국제 분업이 진전되는 가운데 자동차에서 전자 및 전기 제품에 이르기까지 중일 자본의 협력이 추진되고 있다는 점은 의심할 여지가 없다.

그러나 중국의 기술 혁신이 추진되어 일본 기술에 대한 의존도가 낮아질 것이라는 점, 중국이 찾는 협력국은 일본 이외의 다른 국가여도 문제없다는 점 등, 앞으로 중일 상호 의존적인 국제 분업이 유지될 것이라는 보증은 없다. 그러나 일본 자본에 있어서 중국의 시장은 필수적 요건이다. 이러한 비대칭성 역시 일본의 경제 내셔널리즘을 자극하는 요인이 되고 있다.

1980년대 중반, 미국의 거대한 대일무역적자와 일본 자동차의 수입급증으로 미국 자동차 산업이 붕괴 위협을 겪으면서 미국에서는 '일본 때리기Japan bashing'라 불릴 정도로 일본에 대한 비판이 쏟아진 적이 있었다. 당시 미국이 처했던 입장과 비슷하게 지금은 일본이 중국과의 관계에서 불리한 위치에 서게 되었다고 볼 수도 있다. 그러나 미일 경제 마찰의 심각한 위기 속에서도 미일동맹과 일본의 친미 내셔널리즘은 경제 마찰을 약화시키는 역할을 했다.

그 결과 1985년 프라자합의(역주: 1985년 G5재무장관과 중앙은

행 총재가 합의한 환율 안정화 방침), 1989년 미일구조조정협의(역주: 1989년부터 1990년까지 미국과 일본 사이에 미일무역 불균등을 시정하기 위해 개최된 회의)와 같은 미국의 정치력 우위를 이용한 일본의 경제 경쟁력 제제와 일본 국제시장 개방, 규제완화와 같은 신자유주의적 경제 정책이 한꺼번에 진전되었다. 이 시기 이후 일본은 '일본은 최고다Japan as Number One'라고 불리기까지 한 일본적 경영과 일본 경제 시스템의 고유성을 스스로 포기하고 미국류의 글로벌 스탠다드를 도입하게 되었다.

그러나 친중 내셔널리즘과 중일동맹과 같은 것이 존재하지 않는이상 중일관계는 이전의 미일 무역 마찰처럼 경제 위기를 정치적으로 '해결'하는 것은 불가능하다. 이런 의미에서 영토 내셔널리즘과 경제 내셔널리즘의 딜레마는 중일 경제 경쟁이 과열되어 경제관계가 경제 마찰이 될 가능성이 높으면 높을수록 영토 내셔널리즘을자극하는 방향으로 귀결될 위험성이 있다.

이러한 위험성은 일본이 국제 경쟁력을 되찾을 수 있도록 산업경쟁력 강화를 추진하는 정책을 취하면 취할수록, 그리고 그 경쟁에서 패하면 패할수록 잠재적으로 커지게 된다. 저성장에서 경제 후퇴(시장 경제의 지표가 되는 가치판단에 불과하지만)에 의해 일본의 경제가 크게 후퇴하면 할수록 일본 경제 내셔널리즘이 이전의영광의 기억에 이끌린 증오의 감정을 키워 정치적인 힘을 빌리려고 한다는 식으로 바꿔 말할 수도 있다.

이렇게 된다면 영토 내셔널리즘과 안전보장 내셔널리즘이 주도권을 가지게 되고, 중일 양국의 마찰과 대립이 강화된 위험성이 있다. 바꿔 말하면 아베 정권의 '경제 재생=경제 내셔널리즘'의 추구는 일본의 국제경쟁에서 승리(중국에 비해 우위를 점하는 것)를 획득하지 못하는 한 안전보장 내셔널리즘으로 쉽게 바뀌는 위험성을 떠안고 있다.*

⁋⁃⁊

일본의 경제 규모는 명목 GDP로 중국에게 우위를 빼앗기긴 했으나 세계 3위이다. 일인당 GDP 순위는 하락하기는 했지만 세계 평균을 크게 웃돌고 있다. 세계에서도 최고 수준의 경제력을 가지면서 경제 위기가 심각하다고 말하는 이유는 무엇일까? 일본 경제라는 괴물의 욕망을 만족시킬 수 있는 방법은 무엇일까?

일본의 채무 잔고는 GDP의 2배 이상이고 선진국 중에도 채무 잔고가 높다는 점이 위기의 증거로 제시되고 있다. 일본이 세계 최고

---

* 여기서 중일관계에 대해 논한 부분은 한일관계와 그 외의 일본의 국제관계에도 적용 가능하다. 또한 1980년대 냉전말기부터 냉전이 붕괴된 것은 단순히 소련과 동구자본주의를 통합하는 시대를 의미하는 것이 아니다. 일본이든 라틴아메리카의 각 국가든 국가 고유의 자본주의를 세계 자본주의의 규칙에 따르게 하여 세계적인 자본주의를 형성하게 하는 시대로 봐야 한다.

수준의 경제력을 지니면서도 재정적자를 떠안지 않으면 안 되는 이유는 무엇일까?

사실 이러한 질문은 대부분의 선진국에 해당하는 내용이다. 일본뿐만 아니라 선진국이라 불리는 국가들을 대부분 적자재정에 허덕이고 있다. 미국은 '적자 벼랑'으로 사실상 전락하고 있고 EU의 '우등생'이라 불리는 독일 역시 재정 수지는 매년 적자를 기록하고 있다. 경제 규모로 본다면 세계 전체에서 압도적 우위에 있고 부를 독점하고 있는 '선진국'이 국가의 '부'를 가지고 있으면서도 국가와 국민을 충분히 유지하지 못하는 상황은 선진국과 다국적기업에 의한 구조적 착취로 인해 빈곤과 채무를 구조화하고 있는 빈곤국의 상황과 정치·경제적으로 대극에 있다.

이러한 가운데 유독 일본 경제만이 다른 선진국과는 다르게 위기로부터 탈출할 수 있다고 볼 수 있는 근거는 어디에 있을까? 오히려 일본 경제 역시 다른 선진국과 동일하게 공통된 위기를 심층에 보유하면서 각각의 현상을 통해 위기가 드러나고 있다고 봐야 하지 않을까? 만약 그렇다면 이것은 현재의 세계 자본주의가 안고 있는 공통의 토대 그 자체의 위기라고 봐야 하지 않을까?

만약 세계 자본주의에서 공통적으로 나타나는 위기라고 한다면 이것은 과연 무엇일까? 그것은 두 가지 측면에서 살펴볼 수 있을 것이다.

첫 번째 측면은 자본의 국가에 대한 사보타주sabotage(역주: 고의적인 방해 행위)이고, 두 번째 측면은 세계 자본 과잉이다. 자본의 국가에 대한 사보타주는 조세피난처tax haven에 단적으로 드러나는 것처럼 국가 재정에 대한 자본의 부담 회피의 경향이 현저해지고 있다는 점이다. 이것은 케인즈주의에서 통화주의를 거쳐 신자유주의로 전환한 지배층 내부의 이데올로기 전환과 밀접하게 관련되어 있다.

케인즈주의는 계급 통합과 경기 변동의 비용을 자본이 지불하더라도 그 결과로서 계급 통합(유화)이 자본의 가치 증식 수지에 있어 도움이 되는 방향으로 작동한다는 판단에 의해 지지되어 왔다. 그 판단을 지지해 온 외적 요인은 계급투쟁과 사회주의의 위협이다. 냉전 말기인 1980년대 이후 사회주의가 구체적인 위협으로 작용하지 않게 되면서 앞서 언급한 의미에서의 비용은 자본에게 있어 오히려 부담이 되었다.

다른 한편으로 상품 생산에서 정보 서비스화로 자본 축적의 기반이 전환되면서 서비스 자본 관리가 공공부분으로 전용 가능해졌고 '공공관리public management'라는 관점이 강화되었다. 국가에 의한 교육과 복지 및 사회보장부터 전기 및 수도, 교통과 통신 등 공공서비스 부문과 통화 및 금융의 관리 부문, 통치 구조의 정보 네트워크가 자본에 있어 새로운 비즈니스 찬스가 되었다.

시장의 효율성 원리가 정부조직에도 도입되어 비효율적인 부문이 비판을 받는 한편, 효율성이 향상되어 수익이 나면 민영화의 압박이 거세지게 되었다. 공공 부문의 효율성과 민영화 및 세제, 금융시스템의 국제화 등을 통해 자본은 철저하게 세금 회피의 수단이 되었다.

1980년대 신자유주의 이후에 성립된 세계 자본주의는 각국의 공공 부문을 시장에 통합시켰고 소련 동구 역시 시장에 통합되었다. 더욱이 중국과 베트남 등 사회주의 국가까지 사실상 세계 시장에 통합되었다. 그러나 세계 총 자본에 있어 세계 시장 규모는 충분하지 않은 듯하다. 금융시장의 투기시장과는 시장 규모에 비해 명확하게 자본이 과잉 상태라는 것을 증명하고 있다. 자본은 기대할 수 있는 이윤을 현실 시장에서 얻지 못하고 있다.

마르크스는 자본 과잉을 과잉 생산, 과소 소비, '노동력' 공급에 대한 자본 과잉이라는 세 가지 관점에서 논하고 있지만 현재 자본 과잉은 이 세 가지가 복합적으로 나타나고 있다. 한 국가의 과잉 생산은 국제 경쟁력 저하와 국내시장 개방 압력에 의한 시장 소실에 의해 나타나고 과소 소비는 실업, 빈곤, 기아 등으로 나타나며 '노동력'에 대한 자본 과잉은 노동자의 자본에 대한 저항과 상관관계를 갖는 것처럼 현상은 한 가지에 머물지 않으며 장소와 시간에 의해 다양한 상태를 나타내고 있다.

그러나 모든 현상은 전체적으로 세계 자본주의의 기능부전으로 귀결된다. 국제 경쟁과 시장 개방에서 승리하는 것은 일부의 자본이며 빈곤은 저임금의 요인으로 자본에 유리하게 작동하는 반면, 노동자와 민중의 저항을 만들어 내기 때문에 자본에 있어 이익과 위험의 손익분기점은 정치적으로 결정되는 불확정적인 요인이다.

그러나 어떤 자본에 있어서도 빈곤이 사회적인 마찰로 이어지고 만다면 그것이 이익으로 이어진다는 계산이 있는 것은 당연하다. 그 계산은 시장사회주의에 있어서도 관철되고 있다. 그렇기 때문에 자본주의이든 사회주의이든 노동자의 권리를 억압하는 독재가 선호된다. 이 조건을 전제로 하여 세계 자본에 의한 의자 뺏기 게임이 이루어진다.

이 글에서 자세하게 다룰 수는 없지만, 세계 자본 과잉을 구조화한 또 하나의 중요한 요인은 국제적인 통화제도이다. 어떤 의미에서라도 금본위제 규제를 받지 않는 국제금융 시스템은 시장 경제의 메커니즘보다 오히려 각국의 국재 경기 정책과 재정 및 금융 정책 등의 정치적 메커니즘에 크게 좌우된다. 만약 민중의 저항운동이 부재한다면 이러한 시나리오가 세계 자본주의에서 가장 합리적 대답이 될 것이지만 전 세계의 민중에게는 결코 바람직하지 않은 선택지라고 할 수 있다.

자본주의 시스템은 통합의 제도 설계에 있어서 국민국가를 뛰어넘는 혁신을 달성한 적이 한 번도 없고 이를 추구한 적도 없다. EU 역시 그렇다고 말할 수 있다. 독재이든 민주주의이든 왕정이든 공화정이든, 기독교이든 이슬람이든 국민국가라는 통치 기구와 이 기구에 내재된 역사의 기억과 장소의 한정성은 정치적 권력의 본질이다. 시장과 자본의 시간과 공간 규모의 관계에서 본다면 통치 기구와 권력의 구성에 관해 다양한 선택지가 있음에도 불구하고 장소의 한정성 때문에 어떠한 선택지도 명확한 제약조건이 되고 만다. 정치권력의 '시장 경제화=상품화'(정치영역의 시장화, 또는 정치의 자본화)는 사회주의(사회민주주의)적인 기업 시스템과 민영화 또는 권리의 상품화와 같은 방법이 한계이고 통치 기구 그 자체를 시장 경제의 규칙으로 처리하는 것은 불가능하다. 또한 자본이 인구를 재생산할 수 없다는 두 가지 결정적 한계가 자본에 의한 국가의 폐기를 불가능하게 하고 있다.

시장 경제가 파탄을 맞고 언설의 정통성이 흔들리고 외교가 기능부전에 빠지더라도 역으로 국가의 권력 장치, 특히 군사 부문은 내외의 위기에 대응할 수 있는 유일한 권력을 독점하는 경향을 가진다. 경제와 군사안전보장의 뒤틀림은 제2차 세계대전 이후 미일관계에서 해결 불가능한 문제로 남아 있다.

미국에 있어 일본의 지정학적 위치는 미국의 국가안전보장상 중요하고 미국의 일본에 대한 최대의 이해는 군사 기지로서의 역할, 즉 미국 주도의 협조적 동맹이며, 시장 경제의 분야에서는 시장 경쟁적 동맹으로 앞서 말한 미일 무역 마찰에서 알 수 있듯이 미국에게 있어 일본의 경제적 번영은 친미 정권의 권력 안정과 미국 자본의 이익에 기여하는 한 용인된다. 즉 군사동맹과 경제동맹은 반드시 일정한 모순을 내포하기 마련이고 그 자체가 장래의 불안정성의 요인이 되고 있다.

미국은 재정위기 아래 국방 예산의 삭감을 감내해야 하고 재일 미군 유지 경비에 대한 일본 정부의 재정부담 증가 압력은 점점 강해지고 있다. 미국의 재정위기에 의한 군사 예산의 대폭 감소는 군산복합체 체제의 약화와 세계적인 미국 군사 패권을 뒤흔들어 이제까지 미군이 담당해 온 세계적 군사력의 전개 일부 또는 그 이상을 자위대에 부담 지우는 방향으로 작용하는 것이 아닐까?

이와 같은 가설을 전제로 하면 아베 정권의 친미와 '강요된 헌법'의 개헌 사이에 있는 모순되는 태도에는 실제로 일관성이 있다는 점을 알 수 있다. 개헌의 주요한 목표 가운데 하나는 제9조의 구속을 푸는 것에 있지만 이것은 미일동맹을 전제로 하는 한 미국의 이익에 합치되는 것이다. 자주 헌법 제정 노선의 자민당이 일관되게 미국과 동맹을 솔선해 온 모습과 모순되는 것도 국내의 정치적 프로파간다의 언설에 한해 문제가 없었던 것처럼 개헌의 국내 여론 형성에 있어서 필수적인 내셔널리즘 환기에 잠재된 제2차 세계대전 이전과 전시 회복(반미 내셔널리즘)의 위험보다도 개헌에 의한 미일동맹의 이익이 크다는 미국의 현실주의 또는 기회주의가 있다.

미국의 외교에 있어 국익이란 세계 미국 자본의 권익 확대에 있다. 정치의 조절 사이클과 비교하여 볼 때 자본 축적의 사이클은 매우 단기적이고 미국의 외교 역시 단기적인 대응에 그치는 경향이 있다. 미국의 국익을 위해서는 군사 독재 정권이든 종교원리주의이든 테러리스트이든 게릴라이든 무엇이든 정치 도구로 이용해 왔다. 말할 것도 없이 일본에서는 천황제가 그 도구가 되어 온 것은 주지된 사실이다. 미국의 이념(자유와 민주주의)은 헐리우드 영화 등 대중문화 프로파간다의 효과와 함께 이러한 현실에 자유와 민주주의의 표상을 부여하기 위해 필요한 무대 배경에 지나지 않는다. 역사의 교훈으로 본다면 헌법 제9조 개헌이 미일동맹에 기여한다고 해도 중장기적으로 봤을 때 일본의 군사력이 미국의 예상 범위를 벗어날 가능성은 매우 크다. 누구도 50년 후는커녕, 10년 후도 알지 못하기 때문이다.

우리들에게 있어 최대의 문제는 친미이든 반미이든 일본의 군사력이 일본의 국익에 따라 전개될 것이라는 점, 이것은 세계의 미군이 미국 자본과 세계 자본주의를 위해 반드시 시장을 확보하고 유지할 필요가 있는 것처럼 일본의 군사력 역시 쇠락하고 있는 일본 경제에 지탱할 수 있는 인프라가 되도록 재편될 수밖에 없다는 것이다. 명확한 것은 이러한 일본의 군사력이 일본의 민중에 있어서도 세계의 민중에 있어서도 '민중의 안전보장'을 위해 저항의 힘과 정면으로 대립할 수 있다는 점이다.

일본 국내의 경제 위기가 그리스나 스페인, 북아프리카 국가와 같은 체제 불안을 초래할 경우 경제 위기를 경제 메커니즘을 통해 해결할 수 있다면 모르겠지만, 경제 위기에서 탈피하는 것이 거의 불가능한 경우 위기는 정치적인 해결에 맡겨질 수밖에 없을 것이다. 빈곤과 실업 인구의 증대, 자본 축적의 정체를 성장으로 반전시키지 못하면 이러한 위기를 떠안으면서 자본주의의 체제적 위기로 바뀌지 않을 정치적 장치를 마련하게 될 것이다.

과연 민주주의적인 합의 형성은 경제적 위기의 정치적 해결을 보장할 수 있을까? 민주주의는 경제적 위기를 해결하는 기능을 내포하고 있지 않다. 민주주의는 단순히 의사 결정의 절차에 지나지 않기 때문이다. 앞서 논의한 군사 정권화 또는 그에 준하는 억압적인 독재 정권화가 촉진될 위험성도 염두에 두지 않으면 안 될 것이다. 경제적으로 파탄에 빠진 국가가 의회제 민주주의의 기능부전에 빠지고 민중의 저항과 반대운동이 거세지는 가운데 군사적 독재 정권으로서 연명하는 경우는 결코 적지 않다. 대국의 이해가 얽히면 더욱 그러하다. 일본의 정치·경제 정세는 점점 이러한 단계를 밟아 가는 것처럼 보인다. 이러한 비관론은 민중의 사회 운동의 잠재력과 역상관의 관계에 있다는 점은 말할 것도 없고 이러한 운동에 나는 희망을 걸고 있다.

 아베노믹스라 불리는 경제 정책은 경제학의 문맥에서도, 정치학의 문맥에서도 간파하기 어렵다. 정치경제학은 있어도 경제정치학은 부재한 것처럼, 국가와 자본에 대한 비판의 틀에 결정적으로 누락되어 있는 것은 시장 경제의 정치학, 또는 시장의 권력 본성이다. 이것이 누락된 것 그 자체가 지배적인 경제학과 정치학 그 자체가 가져온 것이다. 그리고 이러한 누락을 메꾸는 작업과 대안을 모색하는 사회 운동의 혼미에서 탈출하는 것은 서로 무관하지 않다. 권력은 항상 한 걸음 앞서 있고 우리들이 그 권력의 행방을 뒤에서 쫓아가는 것은 비판과 저항의 측에 있어 숙명이라 할 수 없다. 만약 그렇다면 권력이 가는 방향을 받는 것은 불가능하다. 오히려 우리들은 권력으로는 도출할 수 없는 우리들만이 만들어 갈 수 있는 미래에 대한 선택지가 있을 것이다. 그 선택지를 단념해서는 안 된다.

출전: 「impaction」 189호 2013년

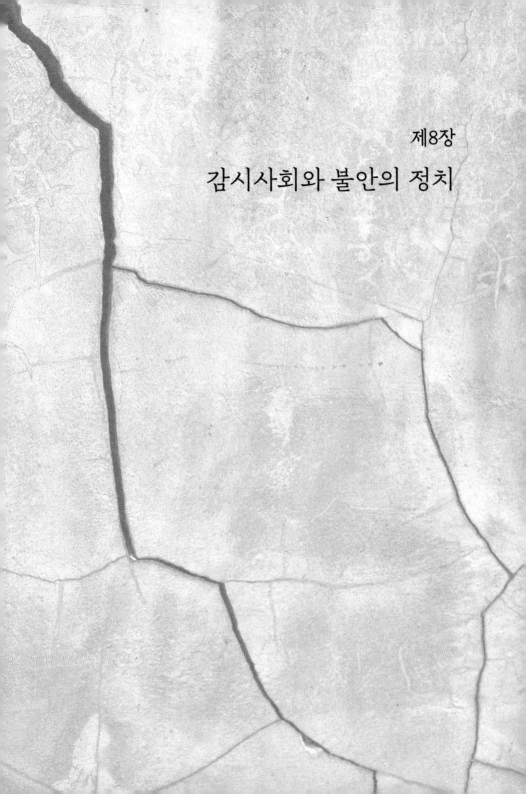

제8장

감시사회와 불안의 정치

비밀보안법, 도청법 개악 움직임, 바이러스 작성죄, 반복적으로 폐안되면서도 다시 상정되려고 하는 공모죄 등 이제까지 큰 논의를 불러일으켜 온 입법에 더하여 지금 국회에서는 사이버 시큐리티 기본 법안이 중의원에서 가결되어 참의원의 심의를 받고 있다. 또한 '범죄에 의한 수익의 이전방지에 관한 법률의 일부를 개정하는 법률안'과 '국제연합 안전보장이사회 결의 제1267호 등을 근거로 일본이 실시하는 국제적인 테러리즘에 관련된 사람의 재산 동결권에 대한 특별조치법안'이 다음 주에 상정될 예정이다.

이와 같은 감시입법에 더하여 에볼라 출현 문제와 관련하여 출입국 관리 강화와 이른바 '위험한 약물' 캠페인에 따른 거리와 광장의 감시, 보이스피싱 방지를 위해 은행의 송금 체크와 신분 확인의 강화, 아동 유괴가 발생할 때마다 강화되는 등하교 길 지킴이 활동에 대한 주민 참가 요청 등 우리들의 일상생활에 밀접하게 관련된 사건과 사고가 일어날 때마다 안전 확보를 구실로 한 정부와 경찰의 일상생활에 대한 개입 역시 강화되고 일단 강화된 제도는 쉽게 완화된 적이 없다.

이와 같은 사건과 사고뿐만 아니라 지금은 일상생활에서 제도로서 편입된 감시 제도가 점점 늘어나고 있다. 제도화된 감시는 더 이상 문제시되지 않고 '당연한' 환경으로 받아들여진다. 많은 논의를 불러일으킨 감시 카메라나 직장과 학교에서 노동자와 학생을 감시하는 시스템이, 지금은 대부분 논의 없이 도입되고 있다. 뿐만 아니라 주택산업과 경비업은 홈 시큐리티를 판매 제품으로 홍보하고 있고 컴퓨터나 핸드폰으로 은행 ATM, 출입국심사까지 가능한 생체인증기술이 보급되어 지문 정보 취득에 대한 저항감은 대폭 줄어들었다.

한편 국가안전보장의 문맥에서는 시큐리티가 보다 노골적인 형태를 띤다. 방위성(역주: 일본의 행정기관으로 대한민국의 국방부 역할을 하고 있다)은 무력 공격의 일환으로 사이버 공격을 활용하고 자위권 발동의 대상이 될 수 있다는 견해를 밝히고 있다. (방위성 「방위성·자위대에 의한 사이버 공간의 안정적·효과적인 이용에 내하여」) 사이버 공격 등 사이버 공간에서 일어나는 군사·안전보장문제는 헌법 제9조(역주: 전쟁과 전력의 포기, 교전권을 부인하는 내용으로 구성된 조항)가 다루고 있지 않은 사태이지만 이와 같은 점에 대해 평화 운동 측의 반응이 늦어지면서 대부분 충분한 논의와 비판을 거칠 틈도 없이 정부와 방위성이 생각하는 상태가 되어 있다. '사이버 전쟁의 방안' 문제는 신중하게 생각해야 하는 반전 평화 운동의 과제라는 것을 지금 한 번 더 확인해 둘 필요가 있다.

❦

감시라고 불리는 시선을 인지하는 방식은 우리가 감시하는 자와 감시의 대상 가운데 어느 위치에 처하게 되는가에 따라 달라진다. 무엇보다도 우리들은 먼저 자기 자신을 감시하는 자라고 할 수 있다. 자신의 표정, 태도, 발언 등 '타자가 바라보는 나'를 어떻게 꾸밀 것인가에 대해 '나'는 항상 감시하고 있다. 나를 감시하는 나는 양심이나 정의의 가치관에서 자신의 행위를 결정하려고 하거나 도덕이나 윤리, 의례와 같은 문화 코드(규칙이나 규범)를 참고로 하면서 자신의 행위를 정하려고 할 수도 있다. 신뢰관계가 있는 친한 친구나 가족이 싫어할 만한 행동은 하고 싶지 않다는 감정으로부터 자신의 태도나 행위에 제한을 가할지도 모른다. 이와 같은 감시 코드는 수미일관된 것이 아니라 관계 속에서 자신의 이익에 근거하여 시시때때로 변하게 된다.

이는 다양한 감정과 규범을 인간이 가지고 있고 그 안에서 무엇을 선택하고 표출할 것인가를 결정하는 메커니즘이 항상 불안정한 상태로 작동하고 있다는 것을 나타낸다. 내 안에 있는 무엇이 '혼네(역주: 속마음)' 또는 '진실'이고 무엇이 '다테마에(역주: 겉으로 드러나는 모습)' 또는 '거짓'인지는 우리들조차 손쉽게 판단할 수 없고, 혼네와 다테마에는 손쉽게 바뀔 수 있는 것이기도 하다.

그러나 다음의 사항은 일반론에서 말할 수 없는 것이라고 생각한다. 사회관계의 지배적인 규범을 받아들여 동조하는 태도를 선택할 것인가? 아니면 지배적 규범에 등을 돌린 태도를 지닐 것인가 하는 태도에서 본다면 인간은 기본적으로 사회의 지배적인 규범을 받아들이도록 교육받아 왔기 때문에 종속적인 태도를 배우게 된다. 가족도 학교도 이러한 종속의 심리를 사람들이 학습하는 장소라고 할 수 있다.

바꿔 말하면 이와 같은 종속적인 동조에 저촉되는 행위나 태도를 사회관계 속에서 스스로 억제할 수 있는 퍼스낼리티가 형성되는 것이다. 퍼스낼리티는 희노애락과 애증, 불안과 공포와 같은 감정과 이성적인 판단과 이러한 감정과의 상관관계가 복잡하게 얽혀있기 때문에 세계와 관계를 맺는 방식(세계를 인식하는 방식, 자신을 포함한 타자에 대한 인식과 관계를 맺는 방식)을 규정한다. 사회의 형식적인 법과 규범의 질서 측면에서 보면 질서에 대한 종속과 동조가 퍼스낼리티의 기본적인 바람직한 형태이지만 정부와 기업 등 지배적인 권력에 있어서 사회가 인정하는 의미보다도 훨씬 좁은 의미의 종속과 동조를 요구한다. 학교 교육은 민주주의와 이를 전제로 하는 토의 및 합의 형성의 필요성을 가르치지만 정치적인 반대 의견을 어떤 형태로 행사해야 하는지에 대해서는 가르치지 않고 오히려 정치적 냉담apathy과 시장 경제적인 도의(높은 소득에 대한 동경과 기업에 봉사하는 근로에 대한 가치관)로 이끌어 가고자 한다. 암묵적으로 정치적 사고를 배제하고 기업에 봉사하는 인생관을 긍정적으로 받아들이는 환경을 구축한다.

감시사회란 위에서 언급한 것처럼 우리들이 태어나서 죽을 때까지 피할 수 없는 인간관계 그 안에 있는 감시를 제도로써 구조화하는 것을 통해 자본과 국가에 의한 감시를 나에 의한 감시로 전이시키는 것이라고 할 수 있다.

∞∟

그러나 여기에서 강조하고 싶은 것은 이러한 퍼스낼리티가 완벽하게 실현되지 못한다는 점이다. 사회 그 자체는 노동 운동과 자본, 사회 운동과 정부 사이에 존재하는 대립과 다양한 정당이 존재하는 민주주의의 의사 결정, 서로 부합되지 않는 종교적 세계관의 병존 등 다양한 모순을 떠안고 있고 인간 퍼스낼리티도 이러한 모순을 받아들일 수밖에 없다. 동시에 이러한 모순을 안으면서 내가 나로 존재할 수 있는 축이 되는 안식처를 누구나 가지고자 한다.

나는 정부와 은행이 취득하고 있는 나의 개인정보의 집합체가 아니라, '나는 이러이러한 인간이다'라는 것을 나타낼 수 있는 타자와 차별화된 나로서 고유한 '무언가'를 가지고자 한다. 정체성이라고 불리는 것은 이와 같은 고유성에 대한 지향에 의한 것이지만 나의 고유성이 개인으로서의 내가 아니라 집단에 귀속된 존재로서 내가 갖는 고유성이라는 점은 나라는 관념이 (딱딱한 표현으로 '주체'라는 단어를 쓸 수도 있겠다) 사회관계의 산물이기 때문에 피할 수 없다. 정체성이라는 축을 중심으로 나의 퍼스낼리티도 일상적으로 재구성된다.

이제까지 나라는 단어로 표현해 온 '나'는 하나의 자립한 개인이라기보다는 사회관계 속에서 타자와의 관계를 통해 자신의 퍼스낼리티를 구축하는 것 이외에는 아무것도 아닌 존재이며 이미 내 안에는 나를 둘러싼 사회관계가 많고 적음의 차이는 있겠지만 구조화되어 있다. 내가 나를 감시하는 것은 이러한 내면화된 사회관계가 나라는 주체를 매개로 하여 나를 감시하는 것을 의미한다.

사회 그 자체는 모순된 구조를 가지고 있기 때문에 이러한 종속적 동조는 수미일관된 형태를 띠지 않는다. 노동 운동과 사회 운동의 참여자들은 이러한 운동의 문맥 속에서 선택하는 동조적 행위 규범과 회사의 사원으로서 일을 하거나 시민사회의 일원으로서 사회가 요구하는 행위 규범 사이에는 상충하는 부분이 있다. 이러한 모순 속에서 항상 나에 의한, 나에 대한 감시가 작동한다.

————

우리들은 감시받는 것에도 익숙해졌고 동시에 개인정보 제공에 대한 저항감도 약해지고 있다. 사생활의 권리보다도 위험으로부터 나를 지켜 주는 존재(경찰, 학교, 기업 등 무엇이든지)에 스스로 솔선수범하여 개인정보를 제공한다. 감시와 보호는 상호 의존관계에 있다. 보호의 권리는 감시를 요구하는 것으로부터 벗어날 수 없다. 자립할 수 없는 영유아는 부모와 어른의 보호를 필요로 할 뿐만 아니라 양육의 의무를 가진 자는 영유아의 생존에 책임을 지고 이를 위해 보호를 위해서라면 언제 어떠한 보호가 필요한가를 '감시'하지 않으면 안 된다. 이 경우 부모는 권력자이고 부모의 '감시'는 '아이를 지켜주는 것'이며 시선, 언어, 접촉하는 모든 행위를 통해 영유아의 안심을 유지시키는 것을 의미한다. 여기에는 일반적으로 적의와 적대의 관계는 예상되지 않으며 오히려 '애정'이나 '자비로움'과 같은 감정이 지배적이다.

그러나 이처럼 누구나 당연한 것으로 인정하는 '감시'의 필요성 그 자체가, 우리들이 신중하게 검토하지 않으면 안 되는 감시사회화를 불러일으키는 징후이며 여기에 감시사회의 문제점이 모두 내재되어 있다. 앞서 언급한 것은 보편적이고 피할 수 없는 것처럼 보이지만 실제로는 친자관계든, 가족관계든 인간관계는 근대사회가 만들어 낸 친족관계로서 보편적인 생물학적 종의 재생산과는 구별되는 것이다(젠더가 섹스와 구별되는 것처럼)

스스로의 안전을 충분히 담보할 수 없는 아이가 보호를 필요로 할 것이라는 것은 어른들이 바라보는 아이에 대한 생각일 뿐 어린이 자체가 자각적으로 어른들에게 요구하는 권리에 기반을 둔 것이 아니다. 어른이 아이의 '안전'을 생각하는 것은 아이에게 있어 '위험'이 될 만한 것을 경험이나 지식에 의해 예상하고 이러한 위험을 피하는 데 필요한 수단을 강구하는 것에 있다. 안전이나 위험과 같은 개념은 당사자인 아이 측에 있는 것이 아니라 어른들이 구축한 안전과 위험에 대한 관념에 기반을 두고 있다. 어른들은 이와 같은 관념을 아이들의 태도나 행동 및 표정 등을 통해 '읽어 내지만' 실제로 아이들에게 끌어낸 것은 어른의 인식 속에 있는 안전이란 무엇인가, 위험이란 무엇인가와 같은 판단이다.

여기에는 안전한 환경과 안전하게 행동하는 아이에 대한 '이상적인 모습'(이와 같은 이상은 결단코 실현될 수 없음에도 불구하고)이 판단의 기준으로 어느새 만들어져 있다. 이와 같은 이상적 상태는 아이가 완전하게 안전한 상태를 의미하지만 이것은 아이가 위험한 행동을 하지 않는 것이 아니라 아이를 둘러싼 환경으로부터 위험을 초래할 만한 요인을 가능한 제거한 환경 그 자체가 이상적인 환경이라는 것을 의미하고 있다. 즉 위험의 내생적, 외생적 모든 요소를 제거하는 것이 아이들의 안전한 환경을 실현하는 것이다. 이와 같은 관념이 현실성을 가질 수 있는 사회의식은 근대의 감시사회의 고유한 특징이다.

이제까지 나는 아이를 지킨다는 것이 감시이긴 해도 적을 감시하는 것과는 정반대의 감시이기 때문에 아이에 대한 감시처럼 선의의 감시를 적의를 가진 감시와 구별해 왔다. 그러나 이러한 구별이 틀릴 수도 있다는 생각이 들기 시작했다.

선의의 감시 그 이면에는 반드시 적의의 감시가 포함되어 있기 때문이다. 선의와 악의는 딱 잘라 구분할 수 없는 감시의 이면성이다. 적의는 표면에 드러나지 않지만 아이에게 위험한 요인이 되는 것을 배제하거나 떨어뜨려 놓을 때 위험한 요인에 대해서는 적의를 가지고 감시하게 된다. 적의를 가진 감시는 감시 대상이 실제로 위험한 행위나 위험한 상황을 현실에서 마주하지 않도록 억제하거나 위험한 요인을 제거하는 것으로, 위험이 현실이 된다면 그 감시는 실패한 것이 된다. 감시란 이런 의미에서 '어떠한 사태도 일어나지 않는 것'이 전제되는데 다른 한편으로 적의를 가진 감시는 위험한 요인을 제거하거나 배제하는 행동을 동반한다는 의미에서 보면 어떤 사태는 일어나고 있는 것이 된다. 어떤 사태도 일어나지 않도록 또 다른 사태를 만들어 내는 것이 적의가 있는 감시의 특성이지만 이것은 동시에 선의의 감시에 의해 정당화되고 만다.

෯෬

감시사회에 대한 사람들의 합의 형성을 획득하기 위해 이용되는 감정 가운데 가장 효과적인 적은 '불안'이라는 감정이다. 우리들이 떠안고 있는 불안이라는 감정의 대부분은 실제로는 우리들에 대한 것이기 보다는 오히려 권력(정치 권력으로서의 정부, 경제 권력으로서의 자본과 시장)의 불안을 우리들이 내면화한 것으로 마치 개개인이 스스로 느끼고 있는 것처럼 만드는 과정을 통해 형성된다.

사람은 다양한 감정을 가지고 감정에 좌우되어 사건과 사고를 판단하고 행동한다. 희로애락과 위험의 감정은 많은 경우 이러한 감정을 환기하는 원인과 대상이 명확하고 그 대상과의 관계 속에서 '해결'되는 경우가 많다. 이에 반해 불안이라는 감정은 여전히 현실화되지 않은 장래에 대해 개인이 놓여 있는 불확실한 상황('이러이러하게 될 지도 모른다'라는 불확실한 위험 등에 대해 상상력이 만들어 내는 부정적인 이미지)에 대한 두려움에 유래한다. 이는 합리적인 판단에 의해 쫓아내기 어려운 극히 곤란한 감정이다.

불안이라는 감정은 분노와 슬픔의 감정과 비교할 때 지속성이 있고 정신적인 짐의 무게 또한 무겁다. 불안으로부터 해방되는 것은 사람들에게 해방을 약속하는 자에 대한 근거 없는 의존을 만들어 내기 쉽다. 경제생활에 대한 불안은 근거가 빈약한 아베노믹스의 꿈에 사람들의 감정을 동원하는 데 성공했다. (과거형이기는 하지만) 원전에 대한 불안도 동일하게 정부와 재계가 필사적으로 대중의 불안한 감정에 대응하려는 태도에서 볼 수 있는 것처럼 정치적인 과제가 되었다.

불안의 감정은 정치적인 대중의식을 동원하는 기본이 되기도 한다. 불안은 아무것도 구체적인 사건이 일어나지 않더라도 근거가 없어도 환기시킬 수 있는 것이다. 반대로, 곧 일어날 것 같은 위험과 위기가 존재하더라도 불안의 감정을 형성하는 개인의 심리에 내면화된 회로를 절단해 버리면 위험과 위기에 대한 인식은 사라져버릴 수도 있다. 동시에 불안한 감정을 가진 인간은 이러한 감정을 스스로 불식시킬 수 없는 경우가 많다. 특별히 불안한 감정의 원인을 제공하는 대상이 애매하거나 구체적으로 실재하지 않는 경우 더욱 그렇다.

예를 들어 '범죄가 일어날 가능성이 있다'라든지 '테러의 위험성이 있다' 등의 언설이 가져오는 불안한 감정의 경우 범죄도 테러도 아직 일어나지 않았을 뿐만 아니라 범죄자나 테러리스트가 구체적으로 누구인지 밝혀지지 않고 막연한 예측이나 판단이 내려지고 있음에도 불구하고 이러한 언설은 사람들에게 불안한 감정을 불러일으킬 수 있다. 다시 말하면 '정체를 알 수 없는' 것이나 스스로 알 수 없는 세계나 나와 가치관이 다른 세계처럼 그 실태를 알지 못한다는 것이 불안을 야기하는 계기를 만들어 내기 쉽다.

정체를 알 수 없는 것은 다양하며 나와는 다른 인종과 민족이거나 세대거나, 학력과 직업이거나, 출신이거나, 취미나 기호의 차이이거나, '나와 다른 누군가'에게 어떠한 계기로 한 순간에 불안을 안겨 줄 수 있다. 많은 경우 이러한 불안의 계기는 불안에 감정을 이입하기 쉬운 누군가로부터 생겨난다. 이것은 신빙성이 높다고 여겨지는 언론이나 정부의 담론일 경우도 있지만 오히려 이런 정보를 가까이 있고 신뢰할 수 있는 가치관을 공유할 수 있는 누군가로부터 얻었다면 불안은 훨씬 더 내면화되기 쉬울 것이다. 이렇게 부정적인 공감이 불안이라는 감정으로 구축되면 이것은 편견으로서 가치관에 편입되고 때로는 불안신경증이라고 불릴만한 집단적인 심리로까지 발전하는 결과를 낳기도 한다.

이와 같은 불안이라는 감정을 떠안게 되면 스스로의 노력으로 이와 같은 불안을 불식시키는 것이 어려워질 수 있다. 불안의 원인은 범죄자나 테러리스트가 아니라 이와 같은 담론이 유포되는 환경 그 자체이고 이러한 환경에는 불안을 공유하는 지인이나 친구, 가족 등 사신이 신뢰하는 사람늘도 포함되어 있는 경우가 많기 때문이다.

집단적인 불안이라는 감정에서 사람들이 자기방어를 위해 취하는 수단은 제한되어 있고 불안이라는 감정을 만들어 낸다고 여겨지는 막연한 대상이 범죄라면 경찰이, 테러리스트나 국가안전보장이라면 방위성이, 고용이나 경제에 대한 불안이라면 후생노동성이나 경제산업성이, 즉 정부가 이러한 불안에 대처할 수 있는 유일한 힘을 가지고 있는 것처럼 등장한다. 왜냐하면 정부는 사회에 존재하는 최고 권력이고 이 이상의 힘을 갖는 것은 존재하지 않기 때문이다. 그리고 '국제사회'(라는 허구의 사회)에서는 미국처럼 초강대국이 그 역할을 솔선하여 담당하고 있다.

이솝의 「양치기 소년」 우화나 악마의 존재에 의해 신에 대한 신앙을 확산시켜 나가고자 하는 종교의 수법처럼 불안이라는 감정을 통제하는 것을 통해 사람들을 종속시키려고 하는 것이 반복적으로 이어져 왔다. 이러한 의미에서 감시사회는 이와 같은 전통적인 대중의 심리에 근거를 둘 수 있다. 그러나 동시에 거짓은 오래가지 못하고 세속적이고 민주주의적인 정치 체제를 전제로 사람들의 합의 형성을 통해 정통성이 유지되는 근대국가에서는 이와 같은 불안의 감정이 나름대로 합리적이라고 여겨지는 근거를 가질 필요가 있다.

여기서 과학적인 수법이 사람들의 편견과 근거 없는 감정을 뒷받침하는 역할을 한다. 과학에서 최대의 효과를 발휘하는 것은 실증주의 또는 사실에 근거하는 꾸며낸 이야기의 구축이다. 자세한 데이터를 수집하여 데이터에 근거해 불안을 느끼는 것이 정당한 감정이라는 점을 뒷받침하고 이에 대해 경찰과 군대, 또는 다양한 정부의 정책 대응이 유일하게 불안을 불식시키는 방법이라는 것을 내세운다. 정부만이 불안으로부터 사람들을 지킬 수 있는 유일한 보호자라고 선언하고 그렇게 행동한다. 무력한 우리들도 우리들을 보호하고 지키는 정부라는 구도는 우리들이 어릴 적부터 익숙한 보호의 구도와 상당부분 닮아 있다.

바꾸어 말하면 데이터에 기반을 두고 불안이라는 감정을 불식시키는 방향으로 작용하는 경우도 있다. 방사선 피폭이 인체에 미치는 영향에 대한 정부와 전력 업계 측의 의료진이 갖는 태도는 이와 같은 전형적인 예라고 할 수 있다. 이것이 아무리 객관적이고 과학적인 사실이라 할지라도 권력과 무관하게 문자 그대로의 객관성과 과학성을 획득하는 것은 불가능하다. 불안과 안심의 임계치는 권력의 의도에 의해 조작 가능한 값을 가지는 기술이 객관성과 과학성이라는 메타레벨에서 반드시 작용한다. 인간은 이성적 동물일 뿐만 아니라 과학적으로 설명할 수 없는 영역도 이해할 수 있는 존재이기 때문이다. 권력은 이 영역을 경우에 따라서는 과학에 또는 종교나 전통에 의해 정당화시킨다. '불안'이라는 감정은 바로 이 영역에 관련된 것이라고 할 수 있다.

우리들이 갖는 불안이라는 삼성 모두가 허위의 감정이거나 조작

된 감정이라는 뜻은 아니다. 권력을 가진 자가 불안한 감정을 증폭
시키는 것이 필요하다고 판단하면 과도한 불안이라는 자극이 강화
되고, 반대로 불안이라는 감정이 권력을 가진 자에 의해 바람직하
지 않다고 여겨질 경우 불안의 근원이 은폐되거나 과소평가되는 언
설이 반복적으로 생산될 것이다. 원전과 미군기지 또는 헌법 제9조
가 유명무실해지는 것에 대한 대중적인 불안은 후자에 속한다고 할
수 있다. 후자의 경우 불안이라는 감정을 떠안고 이 감정을 유포하
려고 하는 언동은 배제되고 있다.

&)(&

정부에게는 우리들 자신이 불안의 원천이 된다. '정부=통치 권력'
은 무엇인가를 결정하고 실행에 옮기는 힘을 가진 한편, 무엇인가
를 실행한다는 것은 다른 무언가를 실행하지 않는다는(실행하지 못
하도록 한다) 결정과 다름없기 때문에 항상 배제의 결정이 동반된
다. 다른 한편으로 사회의 일부에서는 이렇게 실행하지 않겠다는
결정에 불복하거나 비판하는 사람들이 반드시 존재한다. 이것은 아
무리 평등한 사회라고 할지라도 반드시 나타나는 권력의 딜레마이
고, 이러한 딜레마를 통제하고 다른 의견을 가진 사람들이 권력의
결정에 저항하지 않는 소극적인 합의를 유지하는 것이 권력의 존재
이유라고 할 수 있다. 근대 국민국가의 민주주의의 경우 권력의 기

반은 다수의 유권자의 의사에 기반하고 있으나 이와 같은 의사는 선거에 의해 권력의 법적인 정통성으로 확정되도록 제도화되어 있다.

이것이 민주주의에 기반을 둔 권력의 약점이고 동시에 권력이 힘을 행사할 때 준거틀이 된다. 우리들이 정부에 대해 명확한 비판과 이의 제기를 하면 할수록 정부의 불안은 더욱 커지게 된다. 정부가 불안에서 해방되기 위해서는 우리들이 정부에 대한 비판을 철회하고 정부를 열렬하게 지지하는 존재가 되는 것뿐이다. 이것이 불가능하기 때문에 정부의 불안은 해결될 수 없다. 정부는 스스로 불안을 해결하기 위해 불안의 원인이 되는 우리들에 대한 감시를 강화한다. 우리들이 어떤 사람인지, 어떻게 하면 우리들이 권력에 저항하는 것을 무력화할 수 있을지, 우리들의 약점은 무엇인지에 대해 찾으려고 한다.

이런 의미에서 우리들의 행동과 존재 그 자체는 정부를 더욱 불안에 빠트릴 수도 있는 정통성의 위기와 이어진다. 여기서 '우리들'이라고 부르는 자들은 반드시 정치적 이의 제기만 하는 자들이 아니다. 이들이 누구인가 하는 점은 우리들이 결정할 수 없고 그들이 결정하게 된다. 비정치적이라고 할지라도 그들이 적으로 바라보는 자들 가운데 한 부분에 우리가 포함되어 있을 것이다.

권력의 불안이 감시사회를 불러일으키는 것이라면, 이러한 불안을 내면화하시 않는 회로를 구축하는 것이 필요하다. 그들의 불안은 우리들의 불안이 아니라는 단호한 의식에서 보이는 불연속성은 헌법 제9조 개헌과 원전, 위안부 문제 등의 정치적 과제에 있어서 매우 명확하지만 다른 한편으로 저출산 고령화와 빈곤문제, 범죄 등 사회적 불안에 관해서는 권력과 불안의 공유가 만들어지기 쉽다. 그러나 우리들이 이런 것들에 불안을 느끼는 것은 생존에 대한 불안이다. 이에 반해 권력에 대한 불안은 그렇지 않고 권력의 정통성에 대한 불안으로 실제로는 전혀 다른 불안이라고 할 수 있다. 그럼에도 불구하고 사람들은 권력의 불안에 감정 이입을 하고 만다.

ଧ୦୯ଓ

감시사회가 불안의 감정에 의해 고도화되기 때문에 우리들의 불안감정(권력에 대한 감정 이입에 근거를 둔 것이지만)을 해결하고 '안심'을 실현하기 위해 우리들의 불안을 권력에 의해 해결해야 한다고 주장하는 자들이 있다. 권력에 의한 해결을 요구하는 것은 대부분 문제를 해결하는 데 이르지 못하지만 이것이야말로 권력이 불안감정을 이용하여 사람들의 권력에 대한 동의를 얻어 내기 위한 정교한 덫이기도 하다. 오히려 우리들은 권력의 불안을 스스로 불안한 것처럼 감정 이입하는 심리적인 의존과 종속으로부터 탈피할 필요가 있다. 권력의 불안을 받아들이는 것이 아니라 우리들의 불안을 권력의 불안과 명확하게 구별하여 우리들의 불안에 대한 문제를 권력에 위임하지 않도록 투쟁하는 것이다.

원전에 대한 불안을 우리들은 정부에 맡겨서는 안 된다. 그러나 원전에 의존하지 않는 사회경제가 고비용 에너지나 전력 부족 문제로 모습을 바꾸어, 일본 경제의 국제 경쟁력이 저하하고 나아가서는 경제의 활성화를 달성하지 못하여 소득이 증가하지 못할 뿐만 아니라 고용 불안을 야기한다는 3단 논법으로 이어지는 것을 쉽게 볼 수 있다. 이처럼 일상생활의 불안과 연결된 이야기가 구축될 때 사람들이 문제를 자신과 밀접한 생활의 불안으로 느끼게 되면 불안은 내면화되기 쉬워진다. 또는 후쿠시마 제1원전 주변의 마을에 대해서는 조기 귀환을 실현하기 위해 고선량 방사선이 관측되는 지역이라도 안전하다는 판단을 유포함으로써 불안을 경감시키려는 정책이 세워진다. 피난할 것인가 아닌가의 판단을 정부에 맡기지 않는 사람들이 강제적으로 정부의 판단에 종속되도록 강요받고 있다.

내셔널리즘에 대해서도 동일한 논의를 펼 수 있다. 일본이라는 개념에 단적으로 나타나는 허구의 집단성을 일상생활의 구체적인 생존과 마치 불가분한 것으로 여기고, 이것이 고정적인 관념이 되어 우리들의 감정을 속박한다. 이에 대해 우리들은 스스로의 일상적인 생존과 국가 및 시장의 파탄을 명확하게 구별해야 한다. 국가와 시장의 파탄은 우리들의 일상을 파탄하는 것이 아니며 일상생활은 국가가 파탄히기니 시장의 기능이 마비되더라도 유지될 수 있는 것이라는 확신을 가질 필요가 있다. 이와 같은 확신을 얻기 위해 우리들은 우리들의 생활 실태를 정부와 자본에 정보로 위임해야 할 필요는 없다

다른 한편으로 우리들이 권력에 대해 가지는 불안은 그들이 우리들의 권리를 침해하는 강제력을 행사하는 잠재적인 힘을 가지고 있을 때, 그리고 그 힘이 우리들의 이의 제기를 무시한 채 우리들의 복종을 강요하며 우리들의 자유를 빼앗을 수도 있다는 가능성에 기반을 둘 때에 한해 그 불안은 근거가 된다. 불안의 근원과 싸우는 것은 쉽지 않다. 이는 불안이 감정에 기인하기 때문인데 이 감정을 좌우하는 것으로서 권력에 대해 어떠한 통치 기구나 생존의 경제를 대치시키면 좋을 것인가 하는 근본적인 문제에 대해 우리들 자신이 확신을 가지고 있지 못한 것이 그 원인이다. 이는 사회 운동이 현재 직면하고 있는 커다란 과제이기도 한다. 이 과제를 염두에 두는 것은 일상적인 반 감사를 위한 정책적 또는 개별적 운동으로서의 투쟁에 있어서도 결코 쓸데없는 일이 아니라고 생각한다.

원전: 「impaction」 197호 2014년

부기: 본고는 2014년 10월 27일에 요코하마시에서 개최된 '비밀법에 반대하는 10.27 집회'를 위한 강연 원고에 가필한 것이다.

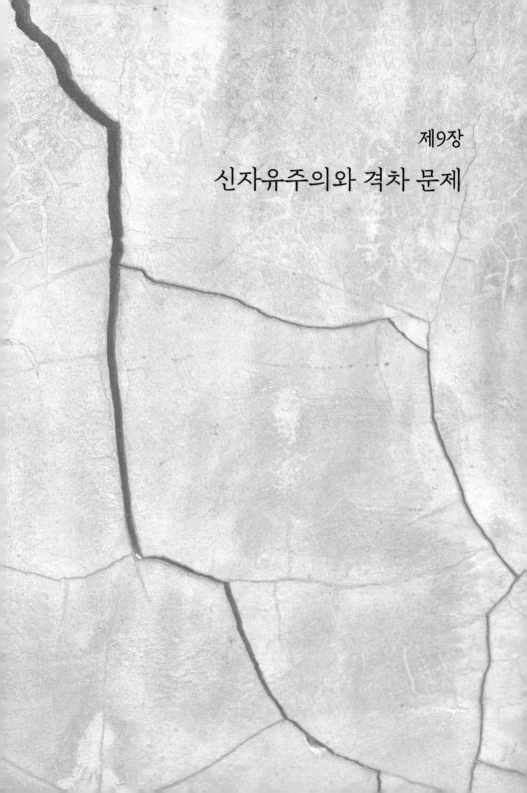

제9장

신자유주의와 격차 문제

불황이 장기화되면서 일본은 피폐해지기 시작했다. 전후 제2차 세계대전 이후의 일본이 획득한 선진국이라는 지위status가 아시아와 라틴아메리카 등의 신흥국으로부터 위협당할 것 같은 불안이 커지고 있고 '일본이 그럴 리 없다'는 초조함에 사로잡힌 사람들이 늘어나고 있는 것처럼 보인다. 아베 정권이 내세운 '아베노믹스'는 2012년 말 총선거 시기에 '경제성장=번영'에 대한 꿈을 그려냄으로써 사람들의 초조함과 염원을 교묘하게 엮어 내는 데 성공하였다.

고도성장을 구가했던 1960년대와 1980년대의 버블경기의 기억이 아직 사람들에게 선명한 경험으로 남아 있어서일까? 그렇기 때문에 더욱 저출산 고령화, 막대한 재정적자, 과혹한 국제경쟁 환경, 연금과 사회보장제도의 파탄, 빈곤층의 증대와 경제격차의 확대 등

하루아침에 해결할 수 없는 구조적인 마찰과 모순에 직면하고 있는 현재 일본에 대한 조바심이 점점 더 심해지고 있는 것처럼 보인다.

정치가로부터 경제 전문가에 이르기까지 올바른 방법을 취하기만 하면 경기가 회복되고, 일본 경제가 국제적 경쟁력을 회복하면 세계에서 1~2위를 다투는 최상위의 경제제국을 되찾을 수 있다고 믿고 있는 듯하다. 진심으로 그렇게 믿고 있는 것일까? 그렇게 믿고 싶은 걸까? 필자가 판단하기 쉽지 않은 문제이지만 체념이 앞선 나머지 위기를 직시하지 못하고 있거나 위기를 외면하면 그 위기도 사라져 버린다고 생각하고 있는 걸까? 어쨌든 일본은 '지금'을 참고 견디어 내는 것에 몰두하고 있는 것처럼 보인다.

그러나 과연 우리들은 세계의 선진국으로서 생존을 거는 신자유주의 세계화의 경쟁 대열에 계속 참여해야만 할까? 나는 이전의 선진국 지위를 회복하려고 하는 것이 '불가능'하기 때문에 '가능'하도록 만들어야 한다고 말하고 싶은 것이 아니다. 가능과 불가능이라는 말 이전에 이미 신자유주의를 비판해 온 국내외의 많은 논자가 입을 모아 주장해 온 것처럼 이와 같은 레이스 자체의 의의를 인정하는 것이 불가능하다는 점을 말하고 싶은 것이다.

이러한 세계체제에 가담하는 것은 이 체제가 초래한 인간과 자연의 존속 위기(빈곤, 기아, 무력 분쟁, 환경 파괴 등)의 가해자로 영원히 남게 된다는 것을 의미한다. 지금은 이러한 체제에 가담해 왔던 것을 반성할 때이다. 다시 말하면 선진국 대열에 들어가는 것을 목표로 했던 일본의 풍요와 번영의 가치관 그리고 이 가치관을 만들어 온 경제에 대한 사고방식 그 자체가 근본적으로 틀렸다는 것을 자각할 수 있어야 한다는 것이다. 그렇다면 무엇이 근본적으로 잘못되었다는 것일까?

전통적인 근대 이전의 시장 경제는 사회 속에서 과잉된 물건과 부족한 물건을 서로 교환하는 구조로써, 역사를 넘어 적어도 수천 년에 걸쳐 사회 경제 주변에 존재해 왔다. 시장 경제가 사회 경제의 중추를 담당하게 된 것은 16세기 이후의 수 세기에 걸친 유럽 각국에 의한 세계의 식민지화를 거쳐 19세기 산업혁명 이후의 시대이다.

근대사회는 인간으로서의 주체성을 승인하는 한편 부자유한 노예와는 달리 형식상으로는 자각적인 의지에 기반을 두어 스스로의 노동능력을 파는 계약 주체가 된 사람들을 대량으로 만들어 냈다. 이와 같은 '노동력'(역주: 필자는 노동력을 발휘하는 개인이 자신의 능력가운데 어느 정도를 노동으로 실현해 낼 것인가는 불확실하다는 입장을 가지고 있다. 이런 의미에서 작은 따옴표로 나타낸 노동력은 잠재력으로서의 노동력을 의미한다)을 동원하여 이윤을 목적으로 활동하는 자본이 이제까지의 인류사에서는 볼 수 없었던 사회 경제를 지배하는 전혀 새로운 경제 메커니즘을 만들어 냈다.

거짓말 같은 이야기이지만 자유를 손에 넣은 인간은 자신의 자유를 스스로의 의지로 자본에게 팔아넘겼고 그 대가로 생활을 이어 가고 있다. 사회의 대다수는 그 이외에 생존할 방법을 갖지 못하는 처지에 놓였고 항상 빈곤에 직면하는 가혹한 생활을 이어 갈 수밖에 없게 되었다.

일반적으로 시장에 재고가 필요한 것처럼 노동시장에서도 '노동력'의 재고, 즉 실업자가 없는 한 노동시장은 시장으로 기능할 수 없다. 그렇기 때문에 노동시장의 성립은 실업자를 대량으로 만들어 내게 된다. 더욱이 실업자가 많으면 많을수록 '노동력'의 '가격=임금'은 낮아지고, 자본의 이윤은 커지게 된다. 경제 시스템은 사람들의 생존을 유지하는 데 대한 책임을 가져야 함에도 불구하고 노동시장을 떠안고 있는 시장 경제는 역으로 생존을 위한 소득을 얻지 못하는 사람들을 대량을 만들어 내게 된다. 그렇기 때문에 시장은 사회 속의 경제로서 책임을 충분히 달성할 수 없다.

자본은 상호경쟁하면서 더욱 효율적이고 수익이 높아지는 방식을 점차 도입하여 경제 규모를 순식간에 확대하지만 이와 같은 과정은 동시에 기계화를 통해 효율성을 추구하면서 노동력을 점점 배제하게 된다. 인간과 비교하여 월등하게 효율이 좋은 기계를 개발하는 것이 첨단 기술진보를 의미하게 되었고 역으로 인간은 비효율적이고 도움이 되지 않는 존재처럼 여겨지게 되었다. 자본주의는 기계처럼 꾀부리지 않고 주인의 명령에 따라 계획내로 일을 신행하는 자를 성실하고 근면한 인간으로 취급한다.

언론 보도에서 자주 본 것처럼 경제는 매년 성장해야 하는 것으로 여겨지고 있다. 도대체 어디까지 성장하면 경제는 성장을 필요로 하지 않는 '어른'이 된 걸까? 자본주의의 특이한 점은 성장의 상한선이 없다는 점이다. 즉 자본은 확대되지 않으면 이윤을 만들어 낼 수 없는 숙명을 타고 난 것이다. 자본주의의 세계화는 시장의 무한한 성장을 가져왔고 자본이 이윤을 확보하려면 국민국가 규모의 시장만으로는 충분하지 않게 되었다. 지구 규모의 시장 역시 매일 증식을 반복하는 자본의 이윤 욕망을 채워 주기에는 불충분해지고 있다.

1980년대에 진행된 정부 부문과 공적 부문을 민간에 개방한 민영화는 자본에 새로운 투자의 기회를 주었다. 1990년대 이후의 동서 냉전의 종언은 소련 및 동구 사회주의권을 자본주의에 통합함으로써 새로운 시장을 만들어 냈다. 그러나 선진국 자본의 대부분은 성장을 유지하기에 충분한 시장을 획득하지 못했다. 중국과 인도와 같은 거대한 인구를 가진 나라들이 줄줄이 신흥국으로서 세계시장에 통합되어 갔지만 동시에 이들 국가의 자본도 역시 세계적인 경쟁에 참여하여 구미 자본은 한층 격렬한 경쟁에 직면하고 말았다.

더욱이 노동절약적인 기술이 급속하게 보급되면서 막대한 인구를 보유한 국가들은 근대화되고 공업화되면 될수록 기계화로 인해 사람들이 내몰려 실업과 빈곤은 전혀 해결되지 않는 딜레마에 빠지고 있다. 다른 한편으로 과잉된 자본은 금융시장을 투기적인 도박장으로 변모시켜 생존 경제를 불안정하게 만들었다. 세계화의 고착은 전 세계를 대상으로 하는 시장에서 자본이 과잉의 상태에 빠지도록 하였고 기술진보는 실업을 만들어 내는 한편 사람들의 생존은 점점 불안정에 빠질 수밖에 없는 상황이 되었다.

⁖⌓

앞서 근대의 자유가 아이러니하게도 사람들의 '노동력'을 자유의지로 자본에 팔아넘기는 계약을 하도록 만들었다는 점을 언급하였는데 이를 신자유주의 세계화라는 문맥에서 좀 더 살펴보도록 하자. 신자유주의 세계화는 국경을 넘어 세계 규모의 단일 시장을 형성하는 것이 가능하다면 자본, 사람, 물자, 서비스가 시장에서 자유로운 투자 및 이동을 통해 가장 적절한 경제 성장과 번영을 가져올 것이라는 사고방식이다. 각국 정부는 상호 간에 자국의 국내시장을 개방하는 것을 통해 가장 효율적인 성과를 얻을 수 있을 것이라고 보고 있다.

18세기 말 애덤 스미스가 『국부론』에서 분업을 통해 생산의 효율성을 향상시켜 시장에서 각 사람이 자신의 이익을 추구하는 자유경쟁을 통해 시장은 최적의 경제 상태를 실현할 수 있다고 언급한 바 있다. 국가는 시장에 간섭해서는 안 되며 시장의 교환은 시장의 자유에 맡겨 두어야 한다는 사고방식이 '자유주의'에서 말하는 본래 의미의 '자유'라는 단어의 유래이다. 그 이후 19세기 초기에 데이비드 리카도David Ricardo는 『정치경제학 및 과세의 원리』라는 책에서 자유 무역을 통해 각국이 상대적으로 유리한 생산물의 생산에 전념하고 불리한 부문에서 자본과 노동을 철수시켜 유리한 부문에 이를 활용하는 것을 통해 가장 큰 이익을 올릴 수 있다고 주장하였다. 이와 같은 사고방식에 따르면 분업에 의해 효율적인 생산에 특화하여 시장을 통해 매매활동을 함으로써 상호 필요한 것을 교환하는 관계가 풍요로운 사회로 가는 가장 최적의 길이 된다.

2세기가 지난 지금은 이와 같은 스미스와 리카도의 사고방식이 가장 유력한 경제 이론으로 군림하고 있고 일반인들의 상식 속에도 어느새 이와 같은 사고방식이 자리 잡게 되었다. 일본이 미국보다 생산성이 낮은 농업 부문을 줄이고 생산성이 높은 분야에 집중해야 한다는 발상은 이와 같은 전통적인 경제학의 사고방식에 기반을 두고 있다. 미국을 중심으로 하는 환태평양 파트너십Trans-Pacific Strategic Economic Partnership, TPP도 권역 내의 자유 무역을 확립하려고 하는 자유 무역 협정도, 발상의 근본은 동일하다. 그러나 이와 같은 메커니즘은 효율성에 의해 커뮤니티의 자립성을 해체하고 지배적이고 우세한 국가와 산업에 대한 의존 관계를 가져오는 한편 경쟁력이 떨어지는 부문은 사라지게 된다.

이와 같은 시장의 경쟁력을 유일한 척도로 하는 사고방식은 국제 관계뿐만 아니라 국내의 지역간 관계에도 동일하게 불균형적 지배와 종속의 관계를 가져온다. 사람들은 경쟁에서 지면 이제까지 장기간 일하던 곳에서 일자리를 빼앗기고 경쟁에서 살아남는다고 해도 효율성 경쟁이 격화되면서 점점 피폐해진다. 이렇게 시장의 경쟁은 많은 사람들을 실업과 생존의 불안정에 빠트리는 결과를 가져온다.

이는 역사상 반복되어 온 것으로 잘 알려져 있다. 그럼에도 불구하고, 이와 같은 시장 자유주의의 사고방식이 뿌리 깊은 까닭은 많은 삶들이 빈곤에 허덕이는 한편, 국가 단위에서 보면 유복해진다는 역설이 성립하기 때문이다. 그리고 '경쟁'은 사람들의 능력 평가와 연결되어 실업과 빈곤을 '패자'의 상징으로 삼는 차별감정이 만들어진다. 패자라는 라벨이 붙여지는 것을 두려워하는 사람들은 점점 필사적으로 이 자유주의의 레이스에 뛰어들게 된다.

자유주의적 시장 경제가 개개인의 사람들과는 별개로 국가 단위의 번영을 불러오기 때문에 사람들의 생존을 희생하여 국익과 자본의 이익을 우선시하는 정책이 지배적인 상황이 된다. 내셔널리즘은 이러한 국가의 번영에 동조하는 심정을 형성하는 데 필수적인 이데올로기적 조건이기 때문에 신자유주의는 반드시라고 말해도 될 정도로 내셔널리즘의 첨단화를 가져오고 이것이 국제관계를 긴장상태에 빠트리게 된다.

자본주의의 형성 이후 일관적으로 존재해 온 대도시와 지방·농촌 지역과의 격차는 이러한 효율적인 분업의 사고방식에 의해 정당화되어 왔다. 그러나 경제를 생존의 필요를 충족하기 위한 것이라고 보는 관점에 서면 효율성과 경쟁력보다도 커뮤니티의 자립적인 존속 가능성과 사람들과 어울려 지내는 가운데 의미 있는 활동의 일환으로 나타나는 노동 등 서로 다른 가치판단 척도가 오히려 우선되어야 마땅하다.

더욱이 자유주의적 경쟁과 효율성의 가치는 정치 분야에도 영향을 미쳐 왔다. 정치의 중심이 도쿄에 집중되어 있는 것은 권력의 효율성의 결과이고 이는 국내의 권력 관계에 격차를 가져왔다. 오키나와와 같은 군사 인프라가 집중되어 있는 지역은 이와 같은 군사 인프라의 우위성을 활용하여 군사 기지로 특화하는 것이 효율적인 것이 된다.

원전시설에 대해서도 마찬가지로 한 지역에 원전을 집중시킴으로써 지역분업의 효율성이 성립된다. 이것은 위험을 특정한 지역에 집중하여 부담을 지우고 다른 지역은 그 위험을 회피하면서 이익만을 얻고자 하는 비인도적인 메커니즘이다. 효율적인 위험 관리의 시스템에 의해 허용된 위험의 상한선이 높아지고 결과적으로 좀 더 큰 위험을 부담하게 한다. 그 결과 위험이 경감되기는커녕 오히려 반대로 위험은 극대화되고 만다. 그리고 이러한 위험을 가져오게 되는 정책의 의사 결정자는 이와 같은 위험으로부터 가장 멀리 떨어진 대도시에 입지하는 정부 또는 관료 조직이기 때문에 지역 사이에 벌어지는 심각한 위험 격차를 구조화시키고 만다. 이러한 불균등한 조건 가운데 효율성을 둘러싼 경쟁에 사람들을 끌어들이고 그 결과가 또다시 불균형을 재생산하는 악순환이 생겨난다.

자유주의뿐만 아니라 시장 경제에 경제의 중추를 맡기는 모델은 모든 사람들에게 풍요와 번영을 약속할 수 없다. 경쟁은 거기에 참가한 사람들과 조직의 능력을 공정하게 판정하거나 능력에 따라 적절하게 부를 배분하지 못한다. 만약 공정한 부의 배분이 시장의 경쟁을 통해 실현될 수 있는가가 자본주의 사회의 공정함의 증거라면 일본의 자본주의화 과정에서 부가 집중된 도쿄가 가장 뛰어난 인재가 존재하는 장소라고 해야 한다. 더욱이 세계 규모에서 본다면 미국이 세계에서 가장 우수한 국가가 될 것이다.

바꾸어 말하면, 지방은 열등한 존재이고 개도국 또한 열등한 국가라는 의미가 된다. 세계보건기구의 2012년 데이터에 따르면 국가별로 국민 총소득에서 최고는 룩셈부르크 6만 달러, 최저는 콩고민주공화국 320달러이다. 이와 같은 격차가 인간의 능력의 우열을 따지는 지표가 된다고 생각하는 사람은 인종 차별주의자가 아닌 이상 존재할 수 없을 것이다.

근대사회가 낳은 가치관에 따르면 인간은 태어나면서부터 평등하다고 한다. 인종과 성별, 태어난 장소에 의한 우열은 없다. 그러나 현실의 시장 경제에서는 항상 특정 국가, 지역, 계급, 인종, 성별이 승리하도록 제도가 설계되어 있다. 시장의 경쟁은 이와 같은 불평등한 제도를 전제로 하면서 우열에 대한 공정한 평가 메커니즘을 가진 것처럼 나타난다. 시장의 평가가 확실하게 인간의 능력을 평가할 수 없음에도 불구하고 일상생활의 수준에서 소득의 많고 적음에 따라 인간의 능력을 평가하는 가치관이 버젓이 통용되는 것은 불평등한 시장 경제의 제도 설계를 공정한 제도라고 보는 것에서 유래한다. 이렇게 시장은 자유와 평등을 추구하면서 차별과 편견을 구조화하는 역할도 담당해 왔다고 볼 수 있다.

⥼⥽

경제적인 곤란을 떠안고 있는 과소 지역은 지역 경제의 활성화와 경제 발전의 유일한 선택지로 일반적으로 대도시가 회피하고 싶어하는 위험을 받아들임으로써 그 대가로 경제적인 보상을 얻는 구조에 편입되어 왔다. 원전과 산업 폐기물의 처리, 댐 건설, 막대한 지하수를 소비하는 공장(자동화가 진행되는 공장은 이전만큼 고용 흡수력을 갖지 않는다) 등 환경 오염을 감수하는 것이 과소 지역의 '근대화' 또는 '지역 진흥'이라고 불리지만 이것은 앞서 서술한 것처럼 위험을 주변부에 전가시키는 교묘한 메커니즘이고 이와 같은 위험을 떠안으면서 지방이 번영의 길을 걷는 것은 이미 프로그램에서 배제된 것이다.

원전 사고는 후쿠시마에서 최초로 일어난 것이 아니다. 1979년 미국 펜실베니아주의 스리마일 원전 사고, 1986년 소련(현재 우크라이나 지역)의 체르노빌 원전 사고는 누구나 알고 있는 대참사이다. 일본에서도 크고 작은 무수한 사고와 고장이 반복되는 원전이 많은 사람들에게 가까운 위험으로 인식되지 않았던 것은 이것이 과소 지역에 입지하고 있었기 때문이다. 과소 지역의 위험이 높은 시설은 중대 사고가 일어나도 인적 피해가 적은 수준에서 마무리된다. 소수의 희생에 의해 다수가 이익을 향유할 수 있는 이유가 바로 여기에 있다.

이와 같은 사고방식을 합리적이라고 보는 발상을 경제학자들에게서 자주 찾아볼 수 있지만 소수를 희생시키는 것을 문제없다고 바라보는 가치관은 사실상 다수자가 소수자를 억압하는 것이고 이는 본래적 의미에서 민주주의에 반하는 것이다. 그러나 정치의 중추를 담당해 온 사람들은 이와 같은 부분에 관심을 갖지 않았다. 이처럼 위험이 큰 시설을 설치하지 않으면 안 되는 에너지 소비의 경제 구조 그 자체가 타당한 것인지에 대해서도 문제제기가 이루어지지 않은 상태였다. 문제는 여기에서 그치지 않는다.

더욱 중요한 것은 과소지 또는 개발이 '늦어진' 농산어촌 지역은 인구는 적지만 동시에 자연 생태계가 식량 공급에 큰 영향을 미치는 지역으로서 도시부의 인구를 유지하는 데 빼놓을 수 없는 식량의 공급지 역할을 하고 있다. 원전 사고는 인간뿐만 아니라 자연을 오염시키고 지역을 반영구적으로 농림수산업을 하는 데 부적절한 장소로 만들어 버린다. 강제적으로 주민을 이주시키고, 그들의 직업을 빼앗을 뿐만 아니라 바다 및 산림과 밭의 오염 제거라는 불가능에 가까운 작업(이와 같은 작업은 피폭 노동에 의존할 수밖에 없다)이 10년(그 이상일 것이다)간 지속된다.

　원전 입지의 문제는 이와 같은 관점을 완전히 누락하고 있다. 과소 지역에 위험을 부과하는 것은 자연 생태계에 대한 심각한 피해를 동반할 수 있다는 점이 전혀 고려되어 오지 않았다. 이것은 악한 인간 중심주의, 좀 더 정확히 표현하면 도시 중심주의의 발상이라고 할 수 있다. 후쿠시마 원전 사고는 예외적인 대형 사고라기보다는 오히려 세계 곳곳에서 일어나고 있는 환경 문제와 공통되는 성질을 가지고 있고 신자유주의 세계화가 세계에 불러일으킨 인간과 자연에 대한 돌이킬 수 없는 비극을, 일본이 여실히 보여 주고 있다고 볼 수 있다.

　신자유주의 세계화가 가져온 생존의 불안정에서 사람들이 해방될 수 있는 유일한 길은 과소 규모까지 확대된 자본을 억제하고 '기계화=효율화'를 진보로 보고 인건비를 비용으로 보면서 이에 대한 삭감을 당연하게 생각하는 자본의 문화에 대해 저항적인 문화적 가치를 창조하는 것을 의미한다. 이는 원전에 의존하거나 온난화를 초래하는 화석 연료에 의존하는 구조를 선택지에서 배제하는 새로운 가치관이 창조를 의미한다. 이 작업은 세계관을 대전환시키지 않으면 안 되는, 르네상스에서 계몽주의에 이르는 근대 서구의 문화적 지배가 세계화를 근본적으로 지탱하는 가치관으로서 여전히 군림하고 있는 상태를 전복시키는 작업이 되지 않으면 안 된다. 이는 장대한 도전을 의미하는 것이지만 그렇기 때문에 우리들은 전력을 다해 이 과제를 받아들일 필요가 있다고 생각한다.

출전: 우에무라 시즈카 편 『국가의 논리와 목숨의 윤리(国家の論理といのちの倫理)』
신쿄출판사(新教出版社) 2014년.

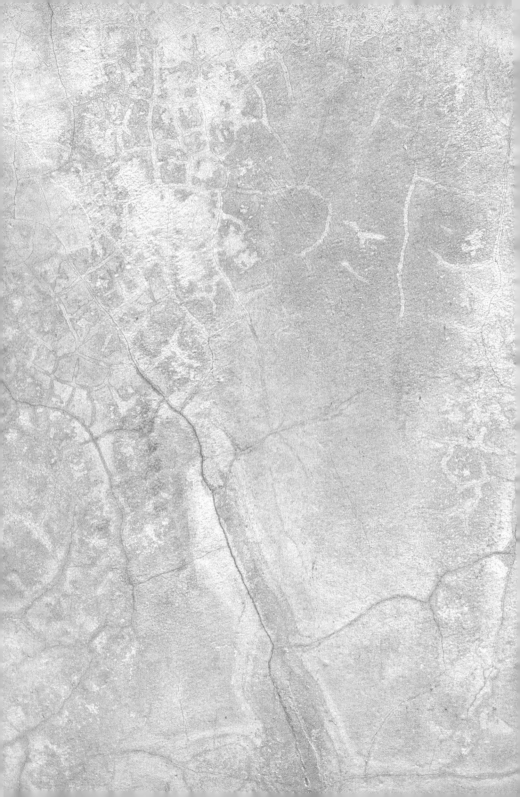

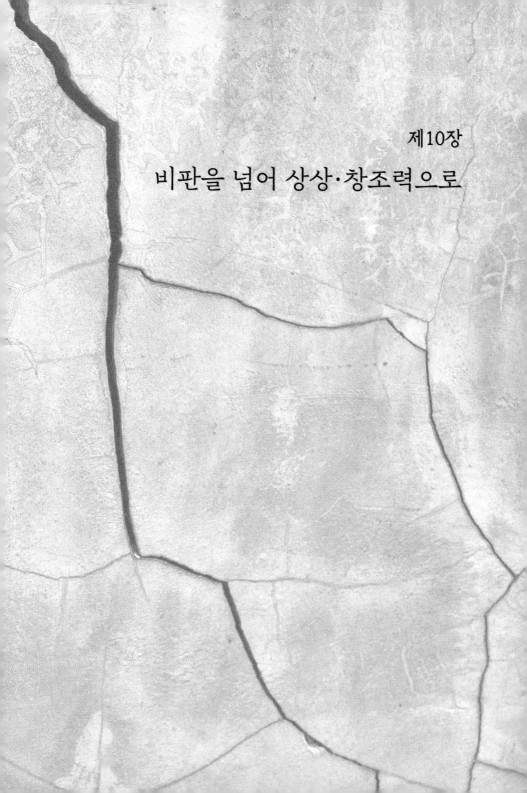

제10장

비판을 넘어 상상·창조력으로

현대 자본주의는 세계규모로 분출되고 있는 민중 운동에 직면해 있다. 이들 운동은 자본주의의 근본적인 모순에 근거를 두면서도 자본주의의 이상을 좇아가는 모순을 드러내고 있다. 이러한 모순과 한계에 대한 부분적 책임이 반자본주의의 가능성을 실천적으로 제시하지 못한 좌익에게 있다는 점은 부정할 수 없는 사실이며 이런 의미에서 지금은 좌익이라는 정체성의 재창조가 필요한 시점이다.

현재 세계 곳곳에서 나타나고 있는 대중적인 이의 제기 운동은 근본적인 사회 정치적 혁명이 실현될 가능성이 낮은 상황에서 전개되고 있을 뿐만 아니라 '미국과 신자유주의에 대한 반대=좌익의 사회 운동'이라는 도식만으로는 이해할 수 없는 차원으로 전개되고 있다는 데서 그 특징을 찾을 수 있다. 반혁명이 혁명적인 것으로 위장하여 거리를 점령하였고 하위문화subculture와 반문화counter culture 역시 급진적인 우익이나 종교원리주의의 분위기에 젖어들기 시작했다. 이러한 상황에서 우익이 자본주의를 비판할 수 없을 것이라는 좌익의 냉소적 우월 의식snobbism은 아무런 생산성도 갖지 못한다.

대중이 추구하고 있는 것은 현실 세계를 근본부터 바꿀 수 있는 정도의 대혁명이 아니다. 이들의 행동은 자기애가 충만하고 영웅주의적인 포즈를 취하는 찰나적인 욕망의 소비로 보일지도 모른다. 그러나 이러한 행동은 현실 정치에 영향을 미치거나 사람들의 가치관 또는 감성을 바꾸는 의외의 힘을 발휘해 왔고 좌익은 이러한 의외의 힘을 의도적으로 가볍게 여겨 왔다.

필자는 네트워크를 구사하는 재특회(역주: 재일 조선인의 특권을 용납하지 않는 모임의 줄임말, 2007년 발족한 극우 민족주의 시민 단체)와 같은 운동이 일회적인 것이며 뿌리를 내리지 못할 것이라고 낙관하였으나, 지금은 오히려 이러한 낙관적 태도를 버려야 한다고 생각하고 있다.

이번 EU선거에서 등장한 극우세력만 보더라도 길거리에서 펼쳐지는 의회 밖의 세력은 현실적인 통합의 가부를 결정할 가능성을 가질 정도로 그 세력이 커졌다는 것을 알 수 있다. 우크라이나의 마이단 운동(역주: 2013년 우크라이나 시민이 대통령의 친러 정책에 반대하고 유럽연합에 통합되는 것을 지지한 운동)은 극우 편에 선

세력과 유럽과 미국 편에 선 개혁파가 서로 다른 조류를 가지고 있음에도 불구하고 정권 타도라는 한 지점에서 야합하여 발생한 것이었다. 유럽과 미국에서 등장한 극우는 자유주의 세력이 갖는 영향력을 약화시켰고 극우가 유럽지역을 석권할 가능성까지 내비치고 있다. 러시아의 푸틴 정권은 극우 정권이기 때문에 우크라이나는 어느 쪽이든 극우의 틀 안에서만 정치가 완결될 위험에 직면해 있다고도 볼 수 있다.

인도에서도 힌두 원리주의자의 대두가 현저하게 나타나고 있고 아랍의 봄이 어떤 형태로 귀결된다 할지라도 민중의 해방이 사회주의나 공산주의로 이어질 가능성은 매우 낮을 것으로 보인다. 자본주의적 군사 독재든 자본주의적 민주주의든 다양한 종교적 불관용이든 인종 차별주의든 사람들은 자신이 귀속된 친밀한 사회집단의 안정을 위해 타자를 배제하는 것에 대해 적극적으로 찬성하는 태도를 보이기 시작했다. '적'을 잃어버린 것은 확실해 보인다. 왜냐하면 지금은 근대사회의 구조적인 모순과 억압의 근원을 이해하기 어려운 상황이기 때문이다. 이제까지 어느 정도 민중적인 상식의 일부분을 담당해 온 좌익적 비판적 감성이 후퇴하고 자본주의의 모순을 자본주의로 해결하든지 아니면 신에게 빌고 견디어 내는 그 이외의 선택지를 실감할 수 없게 된 것은 아닐까?

이제까지는 민중문화가 암묵적으로 어떤 의미에서라도 좌익적 문화를 함의하고 있었으나 현대에는 그러한 전제가 성립하지 않는다. 이것은 종교원리주의와 신나치주의Neo-Nazism, 또는 인종차별주의 등 다양한 좌익 혐오의 문화적 가치가 대중의 심리를 대변할 만한 영향력을 가지게 된 것에서 단적으로 드러난다. 정치나 경제의 영역에서는 비판 그 자체가 대항적인 영역을 창조하기 위한 조건이 되지만 문화는 비판 그 자체를 통해 아무것도 새로운 표현을 만들어 낼 수 없다. '전쟁반대'는 정치 슬로건이 될 수 있어도 이것이 문화적인 의미로 전환되려면 기표signifiant라는 그물망을 통과해야만 한다. 문화적 표상, 이 중에서도 창조적이기 위해서는 의미의 재구축을 담당할 수 있는 표상을 창조하는 것이 필수적 조건이 된다. 기표라는 그물망은 개인과 집단의 변증법적 상호작용이 만들어 내는 것이고 관념의 공통성이 이 망에서 도출된다. 이 구조는 자본주의의 모순으로부터 필연적으로 좌익의 문맥으로 구축되는 것은 아니다.

문화 표현을 담당하는 사람들은 언어에 기반을 둔 사상의 전위도 아니고 좌익의 사상가가 스스로 비언어적 영역에 대해서도 동일한 영향력을 갖는 것도 아니다. 마르크스는 『자본론』을 문자로 저술하였고 그림이나 조각 또는 음악으로 저술한 것은 아니지만 자본주의에 대한 비판은 언어에 국한될 필요가 없으며 자본주의의 모순을 안고 있는 일상 세계는 언어 세계를 크게 뛰어넘는 현실 세계 그 자체이기도 하다. 지배적인 문화는 이와 같은 비언어적 현실 세계의 사물과 이미지를 인간이 이 사회에 태어난 그 순간부터 재생산하기 때문에 적어도 지배적인 문화가 가지고 있는 자본주의적 창조성(창조성으로 간주되는 것이라는 표현이 맞지만)을 이질적인 것으로 바꿀 만한 힘이 존재하지 않는 곳에서 문화의 비판력은 쉽게 파시즘에서 종교원리주의에 이르는 유사한 현상 비판에 수렴되고 만다.

따라서 필자에게 있어 문화를 둘러싼 최대의 문제는 신자유주의가 지배적인 글로벌 자본주의에서 대중적인 좌익문화가 후퇴하고 있다는 점에 있다. 즉 빈곤층 또는 프롤레타리아트의 고유문화의 핵심이라 할 수 있는 계급과 차별에 대한 명확한 비판이나 저항의 표현이 자본주의적 비판으로 이어지지 않고 오히려 내셔널리즘이나 종교원리주의로 수렴되는 흐름을 막을 수 없는 상황에 놓여 있다는 점이다.

자본주의에 대한 비판을 함축하는 사상이나 이론은 인터넷의 보급을 통해 전자 정보라는 형태로 이전의 인쇄나 대중매체 시대 이상으로 국경을 넘는 회로가 형성되었지만, 이러한 사상이 대중적인 지식의 기반을 구축하는 데까지 이르지 못하고 학문의 틀을 넘을 가능성도 점점 낮아지고 있다. 이것은 포스트모던 이후의 비판적인 사상이 하위문화라는 형태로 상품화되어 지배적인 문화에 결합된 상품의 사용 가치로 전화되거나, 대학 지식인의 학술 연구의 틀에

갇혀 버린 것에서 일부 원인을 찾을 수 있다.

이것은 비판적인 지식이 그 자체로서 자립할 수 있는 힘을 가지지 못했다는 것을 의미하지 않는다. 오히려 비판적인 지식은 현실의 운동 안에서 그 잠재력이 의미를 갖기 때문에 현실에서 나타나는 운동이 후퇴하거나 지식인이 현실 운동에 개입하는 정도가 낮아지거나 강단 좌익이 되어 버리면(이렇게 말하는 필자가 이런 부류에 속하지 않는다고 과시하려는 것이 아니다) 당연히 운동은 구태의연한 세계관의 반복에 만족할 수밖에 없고 대중의 저항에 대한 욕망과 괴리될 수밖에 없다.

그렇다고 해도 문화라는 개념 그 자체가 필자에게는 이해하기 어려운 난제이기 때문에 필자는 이 문제를 논하는 것에 어려움을 느낀다. 동시에 문화를 소홀히 다루면서 자본주의를 비판하는 것은 결코 성공할 수 없다는 직감적인 확신을 가지고 있다. 정치 사회적 반자본주의 운동과 비교해 볼 때 문화 운동은 사회 및 정치 운동에서 정당한 위치를 획득했다고 보기 어렵다. 이제까지의 운동은 소수에게만 수용되는 상상·창조력의 원천인 문화보다는 대중적인 동원 또는 프로파간다 도구인 문화를 애용하는 경향이 지배적이었다고 보기 때문이다. 한편으로는 현대사회가 대안적인 라이프 스타일과 같은 문화는 점점 사라져 가고 풍요로운 사회의 히피 문화처럼 혁명 흉내를 허용할 만한 여유가 없어진 격차와 빈곤사회이기 때문이다. 그리고 에코 라이프 스타일처럼 사회 체제 그 자체에 의문을 가하는 것은 회피하면서 현상 유지를 전제로 하는 대안이 실제로 가능하다고 믿거나, 아니면 일단 믿고 보는 것 이외에는 어쩔 도리가 없다는 포기의 감성이 동반되면서 NPO나 NGO의 주류 문화가 형성되고 있는 것처럼 보이기 때문이다.

제도 그 자체에 대한 대안은 확실히 학력도, 일정한 직업도 없는 계층의 삶의 방식 속에 양성되고 있으나 이것이 좌익적인 반자본주의로 수렴되기 보다는 극우나 대안적 내셔널리즘과 같은 세계 곳곳에서 등장하고 있는 증오의 문화로 이어지는 경향도 보인다. 대안적이든 반문화든 거리문화street culture든 현대는 '반체제=좌익'이라는 등식을 공리로 하는 시대가 아니다.

1960년대 말의 반문화 시대였다면 미시마 유키오三島 由紀夫(역주: 1925~1970, 일본의 소설가, 극작가, 평론가)도 기타 잇키北 一輝(역주: 1883~1937, 일본의 사상가, 사회 운동가, 국가사회주의자로 일본의 천황제와 메이지 헌법에 대해 강하게 비판함)도 야쿠자적 삶의 방식도 좌익의 문맥으로 새롭게 해석하여 좌익의 노리개로 삼을 여유가 있었겠지만 지금은 그럴 만한 여유조차 없다. 니체나 푸코, 데리다, 마르크스라도 자본주의에 반대하는 자본주의라는 기만

적 게임 속에서 이용된다. 이것은 신자유주의 고유의 문제가 아니라 '강단사회주의Katheder-Sozialismus'(역주: 자본주의 제도를 변혁하지 않고 사회 정책과 입법에 의해 온건하게 사회 개혁을 이루고자 한 이론)라는 편리한 언어가 만들어진 꽤 오래전, 제2차 세계대전 이전부터 이어져 왔다는 점에서 볼 때 적어도 일본 근대에 일관적으로 나타난 경향이었다고 볼 수 있다.

정리해서 말하면, 필자는 자본주의를 비판하는 측이 갖는 문화를 생각할 때 조바심을 느낀다. 필자가 느끼는 조바심은 필자 자신과 관련된 것이기도 한데 앞으로 서술할 비판으로부터 필자 자신이 자유로울 수 없기 때문이다. 조바심의 핵심에는 20세기 사회주의의 붕괴와 좌익 운동의 후퇴가 문화 혁명에 있어서 실패 또는 패배한 것이라고 보는 사고방식이 존재한다.

문화냉전에서 패배하고 포스트 냉전기의 반 세계화 운동이 사회 운동으로서 획기적인 것이었다 할지라도 이것은 구미자본주의 문화의 벽을 무너뜨리지는 못했다. 할리우드 영화, 재즈, 록에서부터 클럽 문화, 코카콜라와 맥도널드, 문화로서의 자동차, 마이크로소프트와 애플, 인터넷과 해커문화, 국제적인 '교통수단'이 된 달러와 영어, 이것들은 모두 반복적으로 비판의 대상이 되어 왔지만 대부분의 비판은 여전히 자본주의 체제 안에서 찾는 대안이거나 독립이거나 자립이거나 차이로서 주류와는 구별될 수 있는 범주가 부여되었고, 그에 걸맞은 장소가 마련되어 자본주의의 자유를 상징하는 기능에 포섭되었다.

동시에 문화 자본의 자원으로서 다음 세대가 누릴 지배적인 문화의 예비군으로 육성되었다. 이것은 어떠한 문화, 그것이 범죄성을 동반한 문화라고 해도 이 덫에서 빠져나가는 것은 불가능하다. 테러리즘도 그것이 문화적인 표상으로서 상징화된 이상 허용되는 것이다. 이것마저 허용되지 않는 분야에는 암시장Black Market(이것도 역시 자본주의적 시장 경제라는 점을 잊어서는 안 된다)이 마련된다.

사회주의나 공산주의, 또는 아나키즘이 유력한 반자본주의의 사상을 형성해 온 19세기 이후 자본주의의 지배적 문화는 이러한 반자본주의에 대한 비판을 반복해 왔다. 그들은 거칠게 좌익을 욕하는 것만으로도 충분히 대중적인 살인 본능을 동원할 수 있다. 재특회의 활동은 '죽여 버리겠다', '일을 저지르고야 말겠다' 등의 욕설만으로 충분하다. 왜냐하면 그들은 자본주의의 지배적인 문화, 내셔널리즘의 문화적인 가치를 전제로 하여 이것에 스타일을 부여하고 있는 것에 불과하기 때문이다.

헤이트 스피치hate speech(역주: 특정 그룹에 대한 편견과 폭력을 부추기기 위해 이루어지는 의도적 위협과 선동)에 대한 반대 행위는 반드시 필요한 투쟁이지만 그 자체는 그때그때의 상황에 따라 대처할 수밖에 없다. 헤이트 스피치에 대한 비판은 증오를 지지하는 심리, 즉 타자를 향한 살인 본능 그 자체를 없애지 못한다.

　문화에 대해 이야기할 때 문제가 되는 것은 상상·창조력 창조의 문제이고 비판은 이를 위한 첫 걸음에 지나지 않는다. 왜냐하면 앞서 언급한 것처럼 문화는 비판을 통해 새로운 상상·창조력을 발휘할 수 없기 때문이다. 정치나 경제의 분야에서는 마르크스가 말한 그대로 자본주의를 철저히 비판하는 것이 필요하고 현실을 초월한 유토피아 세계를 그려 내는 것은 현실에 대한 비판으로서 설득력을 획득한다. 그러나 문화적 실천에서는 현실 세계에 있는 문화를 비판한다고 해서 설득력을 획득할 수 있는 것은 아니다. 상상·창조력에 기반을 둔 문화 실천이 필수적이다. 할리우드 영화를 비판하는 것과 새로운 표현의 창조는 별개의 것이고, 새로운 표현을 창조하는 것은 장래의 이상적인 사회를 의미하는 것이 아니라 지금 여기서 실천할 수 있는(이것이 불충분 하더라도) 것이기 때문이다.

　물론 앞서 예시로 든 사례에 대한 대안은 얼마든지 만들어 낼 수 있지만, 문제는 이것이 문제 그대로의 의미에서 자본주의라는 제도에 대항하는 문화가 될 수 있는가 하는 점이다. 다시 한 번 말하지만 이것은 비판이라는 차원의 문제가 아니라 창조라는 차원의 문제이다.

　이러한 관점에서 본다면 지금 세계 각국에서 나타나는 비서구 세계의 민주화 운동은 정치적인 자유와 민주주의를 갈구하는 것이리

할지라도 문화의 차원에서는 대부분 아무것도 생산해 낸 것이 없다. 인터넷은 여전히 유일한 'the Internet'이고 대안적인 인터넷은 존재하지 않으며 페이스북과 트위터가 운동의 문화 매개체가 되고 있으나 이것을 능가하는 좌익 고유의 매개체는 부재한 상황이다.

그 기원은 20세기에 있다. 좌익문화 안에는 문학, 영화, 미술, 음악과 같은 자본주의가 만들어 낸 문화의 범주가 그대로 사용되어 프롤레타리아라는 수식어를 붙이기만 하면 충분한 문화에 대한 경시가 있으며, 20세기 반자본주의, 특히 사회주의 진영이라 불리는 국가들에서는 일찍부터 자본주의적 문화에 대한 종속이라는 사태가 일어났다. 사회주의의 지배자들은 예외 없이 두더지 잡기 게임이라도 하고 있는 것처럼 부르주아 문화를 탄압할 뿐 상상·창조력의 계기조차 획득하지 못했다. 이대로는 근대의 문화적 틀을 전제로 한 자본주의에 대적할 수 없다.

❧

자본주의가 문화 분야에서 실천한 것은 세계관을 이해하는 틀 그 자체를 범주의 혁명 그리고 표상과 관념의 혁명으로서 구체적인 현실의 사회에 적용하여 자본과 국가를 문화 재구축의 중심에 놓은 것이다. 세계를 보는 방식이 바뀌고 신체와 감각도 바뀌어 본래의 자기自己나 주체의 위치도 바뀌었다. 신이라는 존재도 재정의 되고 학문이나 지식 등으로 불리는 세계(신이라 부르든 부르지 않든, 어느 쪽이어도 좋고 어떤 신이라도 상관없지만)가 자본과 국가에 종속된다. 문화의 범주는 자본(시장)에 접합되거나 국가에 접합될 때 살아남을 수 있는 것이 된다.

서구사회의 이상에 대한 소박한 환상을 뒷받침한 것은 록이나 팝과 같은 대중음악과 할리우드 영화로부터 현대 미술의 고상한 세계, 또는 약물 문화와 포르노와 같은 하위 문화에 이르기는 표상의 다양성과 비판적인 입장에 자유의 의미를 부여한 감각이다. 이것이 문화 자본이 만들어 낸 놀이동산에 지나지 않는다는 것은 비서구사회가 실제로 자유로운 세계에서 살게 된 후 처음으로 실감한 것이기도 하다.

이러한 자유로운 세계에서 문자 그대로의 이상과 꿈을 실현하는 길은, 돈이 모든 가치관을 흡입하여 시장 경쟁의 승리자가 되는 것이다. 문화가 자본주의와 결별한다는 것은 불가능했다. 왜냐하면 자본주의와 결별한 사회의 자유나 민주주의는 그 실체를 실감할 수 있는 것으로 실현된 적이 없기 때문이다. 반자본주의 운동 또는 좌익의 운동은 자본주의 문화의 놀이동산을 부정하는 것 이외에는 불가능했기 때문이다.

브랜드숍의 쇼윈도를 돌이나 화염병으로 깨트리는 것은 어떤 의미에서는 손쉬운 일이고 그 메시지 또한 간명하다. 그러나 창조적 파괴는 자본주의의 편이 훨씬 능숙하고 자본주의는 수세기 동안 '본원적 축적'이라 불리는 대량살육과 파괴위에 재구축(탈구축이라고 표현하는 편이 타당하지만)된 놀이동산을 건설해 왔다. '살해당하더라도 자본주의, 이번만큼은 살인자의 편에 서고야 말겠다!'라는 비정상적 세계를 비서구 세계도 경험해 온 것이 아닐까?

물론 그렇기 때문에 이 놀이동산을 파괴하자는 주장은 반복되어 왔다. 그러나 파괴한다고 한들 그 다음에 무엇을? 이라는 부분에 대해 좌익 문화는 상상·창조력을 요청받고 있지만 이 지점에 멈춰 있을 뿐이다. 자본주의가 철저하게 추구해 온 욕망의 세계는 만만치 않게 강하다. 이것은 어떤 의미에서는 약물과 같은 효과를 가져왔기 때문에 이 쾌락으로부터 이탈하려는 시도는 용이하지 않다.

৪০৪৪

필자는 신자유주의를 특권으로 바라보지 않기 때문에 여기서도 신자유주의가 아니라 자본주의 그 자체를 문제 삼고 있다. 그러나 앞서 언급한 것처럼 필자의 주요한 관심은 자본주의 비판에 있어 문화적인 상상·창조력이야말로 문제의 근원이라는 점에 있다. 20세기가 냉전의 시대였다면, 또는 식민지 지배가 대략적으로 종언을 고하고 포스트식민주의의 시대로 이행하여 68혁명과 같은 선진국 내부의 문화 변용이 있었다고 한다면, 이 모두를 포괄하여 반자본주의 문화가 자본주의 문화에 대항할 수 있는 상상·창조력을 어느 정도 획득했다고 볼 수 있을까?

바꾸어 말하면 20세기의 자본주의에 대항하는 사상과 운동의 조류가 러시아 혁명(성공 후에 배반당한 혁명이 되었지만 우크라이나에서는 당초부터 배반당한 혁명이었다), 패배한 독일 혁명이나 스페인 혁명과 같은 일련의 혁명, 식민지 독립운동을 통해 형성된 제3세계의 독립 과정에서 또는 자본주의에 버티어 대항한 공산주의라는 구도 속에서 자본주의에 저항할 수 있는 반자본주의 문화를 창조해 냈다고 말할 수 있는가 하는 문제이다.

'버티어 대항하는' 문화로서 필자가 상정하고 있는 것은 좌익 문화라고 불릴 수 있는 문화의 고유성 또는 특이성이 있고 자본주의의 문맥에서 절단된 자립적 해석의 세계를 우리들이 획득하고 있는가라는 말로 바꾸어도 좋다.

적어도 마르크스는 『자본론』을 통해 자본가나 보수적 정치가들이 '저 사람들은 대체 뭐하는 건지 도통 알 수가 없다'고 볼 만한, 의미가 불분명한 세계를 그려 냈지만 그 이후 문자 그대로의 의미에서 '세계'라고 할 만한 영향력을 가진, 단절된 지식을 만들어 낸 적이 있었을까? 20세기 냉전 체제의 지도는 동시에 사회주의권이라 불리는 지역에서 자본주의와는 근본적으로 다른 '문화'를 창조하는 방향을(이 방향은 하나일 필요는 없다) 제시해 왔을까? 사회주의권이든 자본주의 내부의 좌익이든 이점에 대해서 필자는 매우 비관적이다. 그러나 자본주의적 문화의 우위성에 굴복하여 비관적이라 말하는 것은 아니다. 좌익의 문화는 비판의 문화로서 큰 힘을 발휘해 왔지만 상상·창조적인 문화로서는 자립하지 못한 채 자본주의 제도에 접합되는 과정을 반복해 왔다.

자본주의는 자기에 반하는 문화를 시장을 통해 상품화하고 그 자체도 자본주의 가치증식의 자원으로 만드는 구조를 가지고 있다. 아마도 이러한 자본주의를 극복하지 못한 20세기의 반체제 문화 가운데 유일하게 예외적이라 볼 수 있는 도전이 중국의 문화 대혁명일 것이다. 문화 대혁명은 공산주의의 모순을 집약적으로 표출한 커다란 비극이기도 했기 때문에 필자는 이를 긍정적으로 평가하는 로맨티시즘에 가담하고 싶지 않다.

공산주의의 이상으로부터 멀리 떨어진 현실 속에 살아가는 민중이 경험한 것은 지금 여기 있는 현실에서 이상으로 전환되는 과정을 살아가는 것의 가혹함이었다. 이론과 사상은 현상을 비판적으로 분석하고 이상적인 모델을 제시한다. 그러나 현실에서 이상에 이르는 과정 그 자체를 이론화하는 것은 불가능하다. 이 과정은 정치 과정 그 자체이며 이 과정은 추상적인 이론과 법의 세계가 아니라 개별의 구체적인 고유명을 가진 개개인의 인간의 인생을 좌우하면서 개개인의 세계관과 행동을 변용하고 이상에 가까워질 수 있는 삶의 방식은 여기서 만들어진다.

이러한 사람들의 행동에 대해 이상을 나타내는 사상과 도덕규범은 때로는 자유와 해방보다 더 큰 억압과 갈등으로 등장한다. 자유와 평등 같은 이념은 내세운 목표를 달성함으로써 실현되는 것이 아니라 이 목표에 도달하는 과정 그 자체의 역학 속에서 실질적인 의미를 가지게 된다. 이념은 실현되는 것이 아니다. 항상 실현되는 것은 미완의 이념이라는 불완전한 상태이기 때문에 이러한 불완전한 상태에 있어 자유와 평등이 문제시 된다. 이상을 내건다는 것은 어떤 의미에서 그림의 떡이어도 상관없는 미사여구 수준의 범위를 벗어나지 않지만 그렇다고 할지라도 한 번 내걸어진 이상에 대해 현실의 운동은 반응할 수밖에 없다. 억압은 이러한 운동에서 표출되기 때문에 이 운동이 자유와 평등을 체현하는 것 그 자체가 되지 않으면 안 된다.

이런 의미에서 마르크스가 공산주의란 해방을 향하는 운동 그 자체를 의미한다고 말한 것은 타당하다. 그러나 이 목표와 과정의 문제를 혼동하여 이상이나 이념이나 보편적인 사상이나 이론을 내세우는 것 자체가 억압적이라고 비판하며 내버리고, 결과적으로 현상의 틀 안에서 자족해야만 한다든가 거시적인 정치나 개별적인 과제에 집중하여 체제를 분세시하는 논의 그 자체를 감정적으로 거부하는 운동감각(그 자체가 잘못되었다고는 생각하지 않으며 필요하다고 생각한다)이 지배적인 상황이 되는 것은, 자본주의라는 체제 그 자체에 대한 근본적인 문제제기를 회피하는 결과를 낳으며 좌익의 존재 이유에 대한 근원을 무너뜨리는 결과를 초래한다.

사실 최근 몇 년간 민중 운동은 이른바 '아랍의 봄'으로부터 남구의 반신자유주의 운동, 북아메리카의 '99퍼센트의 반란' 그리고 우크라이나와 러시아의 민주화 운동에 이르기까지 공통적인 이념으로서 반신자유주의와 문자 그대로의 의미에서 민주주의의 복권(부패한 정원 타도)은 근대 자본주의가 내건 이상의 영역을 넘지 않는 것들이다.

나오미 클라인Naomi A. Klein(역주: 1970~, 미국의 저널리스트, 작가, 사회 운동가)의 『쇼크 독트린』도 프리드먼Milton Friedman(역주: 1912~2006, 미국의 경제학자, 자유주의 시장 경제의 옹호자)류의 신자유주의만이 문제라고 말하며 자본주의가 문제라고는 말하지 않는다. 혁명도 역시 쇼크 치료법이라고 보는 관점은 잘잘못을 따지지 않고 쌍방에 벌을 내릴 위험을 가지고 있다. 비민주적이고 부패한 정권이 문제라면 구미류의 민주주의와 국민국가, 공정한 경쟁 원리가 보장된 시장 경제에 의한 안정적인 성장에 기반을 두는 번영이라는 꿈과 이상을 추구하는 것 이상의 요구는 나올 수 없다. 신자유주의, 케인즈주의라도 현재의 정치와 경제의 부패와 파탄에 비교한다면 낫다는 메시지다.

물론 라틴아메리카의 몇몇 혁명처럼 독재에서 민주주의로 이행하는 것이 자본주의가 아닌 사회주의로 귀착될 잠재성을 간직한 사건은 적지 않으며 역사적 의의 역시 결코 작지 않다. 그러나 문제는 좀 더 근본적인 곳에 있다. 우리들이 추구해야 하는 것은 민주주의 국가도 아니고 공정한 시장도 아니다. 왜냐하면 이런 것들은 교과서 안에서만 볼 수 있는 허구이기 때문이다.

그러나 허구의 힘은 현실적 힘을 가지고 억압을 행사하고 있다. 통치 기구로서의 국가와 생존의 경제로서의 시장 경제와 같이 근대 세계는 그 이전의 사회와 근본적으로 다른 패러다임 위에 시스템을 구축해 왔다. 현실에 있는 시스템을 계승하지 않는 가능성을 획득하지 못한다면 자본주의에 저항하는 새로운 사회를 창조할 수 없다. 이것은 정치적이고 사회적인 물음일 뿐만 아니라 문화적인 물음이고, 이해할 수 없는 방향으로 향하는 운동의 잠재력을 획득하는 문제이기도 하다.

◈◈◈

'이해할 수 없는 것'의 중요성에 대해 조금 더 서술해 보고자 한다. 근대 자본주의는 비근대(시간적 공간적으로)의 사람들에게 있어 '이해힐 수 없는' 것 위에 구축되었고 비근대 세계의 사람들이 근대의 세계관을 받아들이는 과정은 많든 적든 고통과 위화감을 동반해 왔다. 그러나 수 세대를 거쳐 근대에 동화된 경위를 우리들은 경시하거나 잊어버렸다. 이것은 본원적 축적의 문화적 측면의 문제이다.

예를 들어 서구라는 지역에서 살았다고 해도 근대 이전의 사람들은 근대라는 시대의 문화적 표상을 대부분 이해하지 못했을 것이다. 근대는 근대 고유의 문화적 범주에 따라 표상의 질서가 세워졌고, 이러한 범주를 알지 못하는 사람들에게 있어서는 세계를 통합적으로 인식하는 것이 곤란하기 때문이다. 근대 세계 속에 있는 사람들은 이러한 비근대적인 인간의 세계관을 비합리적이라고 부르지만, 근대 세계에 사는 사람들이 합리적인 것은 아니다.

예를 들면, 근대에 사는 사람들은 천동설의 일상을 살아가면서도 지동설이라는 관념을 '과학적으로 옳다'고 여기는 세계에 있었고, 비합리적 세계와 합리적 세계가 표리일체가 되어 합리적인 언설이 비합리적인 세계를 정당화하는 시스템이 마련되어 있다. 상대성 이론의 이야기를 여기에 덧붙이면 더욱 골치 아픈 세계를 생각하게 된다. 또한 근대는 원근법처럼 사물 본래의 크기보다는 다른 사물과의 상대적 위치로 규정된 겉모습의 사물을 그려 내는 것이 실제 사물과 같다는 주체의 시각을 만들어 냈고, 본래의 사물과 표상으로서의 사물 사이에 있는 차이를 구별하면서 표상의 위조된 세계를 허구나 속임이라 부르지 않고 옳은 것으로 수용하는 감성을 만들어 냈다(3D영화는 그 연장선상에 있다).

　이것은 시장 경제에서 사물이 상품이 되고 그 사용 가치가 구매자의 욕망을 불러일으킬 때 생기는 구조의 기본적인 전제가 되는 세계의 속성을 설명한다. 상품의 사용 가치는 구매자의 욕망을 묶어 두지만 이것은 대부분 예외 없이 사물 자체가 아니라 사물과 관련된 정보(기호 등으로 불리는 것)로 구성된다. 패키지의 디자인이나 광고의 메시지, 지인의 평판 등이 이에 속한다. 이것은 상품의 과학적인 속성과는 아무런 관련도 없는 생활 감각의 세계다. 여기에는 지동설과 천동설의 세계가 재현되어 있다. 동일하게 상품은 주체(구매자)의 주관에 의해 그 가치가 평가된다. 주체와 사물의 거리, 이 사물이 다른 사물과 맺고 있는 거리관계, 이러한 배치에서 그 사물이 실감된다. 이것은 사물 그 자체로서 느껴지는 것이 아니라 원근법의 세계에서 파악한 것을 옳은 대상 인식이라고 생각하는 세계다.

　근대 경제학은 이러한 세계야말로 세계의 진실이라고 주장하였고 마르크스는 '원근법에 속아서는 안 되며 사물의 실제 크기와 질감은 이렇다!'고 주장하여 그 사물을 움켜쥐고 해체하여 노동이라는 개념을 이끌어 냈다. 다른 예를 들어 보자. 일본의 구헌법이 황당무계한 현인신을 주장하면서 근대 국민국가로서 이성의 체계를 꾸며 낸 것도 이와 동일하다. 메이지 이후 일본의 근대화는 근대의학을 도입하고 자연과학이 학교에서 교과목으로 지정되었음에도 불구하고 인간이 신이 될 수 있다는 점에 대한 자연과학적 근거에 대해서는 아무도 진검하지 않은 것 같다.

근대 세계는 세계로서 통일성을 갖추지 못했고 일상생활 그 자체가 의미를 합리적으로 구현할 수 없으면서도 대부분 많은 사람들이 이 세계를 합리적으로 설명 가능한 세계라는 감각을 가진 시대였다. 학교의 시간표상에 배열된 과학의 상호관계, 지식의 실질보다 점수화된 평가가 우위에 있어야 하는 이유, 생활과 전혀 관계없는 노동에 평생을 바칠 수 있는 이유, 낮 시간을 공유할 수 없는 사람들이 가족이라는 소집단을 이루어 친밀한 감정을 가질 수 있는 이유, 그 어느 것도 불가사의한 것이고 세계에서는 본질에 있어 통합된 것으로는 구성되어 있지 않다.

자연과학이 아무리 발달하더라도 신의 존재를 증명하는 부분에서 여전히 갈피를 잡지 못하는 것은 자연과학이 타당하다고 보는 합리적인 세계 측에 근대라는 시대를 뛰어넘는 보편성이 실제로 충분하게 마련되어 있지 않다는 것을 암시하고 있다. 이러한 모순을 인간의 욕망으로 구조화하여 통치와 부의 집적의 기초에 두고자 하는 대담한 곡예를 성공시킨 것이 근대라는 시대의 문화적 본질이다.

문화란 근대 세계의 흩어진, 상호 관계를 언급하는 것이 매우 곤란한 것들 사이에 존재하고 사람들이 그럼에도 불구하고 주체로서 자기를 유지하기 위한 장치이다. 그렇기 때문에 근대 자본주의가 자기방어로서 구축되어 온 문화의 전제가 된 범주와 그 제도화(물질화)를 해체하지 않고는 자본주의를 물리칠 수 있는 상상·창조력은 만들어질 수 없다. 근대가 비근대 세계에 대해 실행해 온 것과 같은 세계관의 전환에 저항하기 위해서는 문화 대혁명과 같은 근대 세계를 폭력적으로 비워 내어 사람들의 기억을 말살하는 것과 같은 억압적인 수단이 아닌 무언가를 필사적으로 모색해야만 한다. 이것은 본래대로라면 좌익이 유일하게 담당할 수 있는 과제라고 할 수 있으나 우리들은 정치와 사회 운동에 우위성을 주고 말았기 때문에 문화적 실천을 그것과 동등한 것으로 자리매김할 수 있는 사상과 이론(여러 가지여도 좋다)은 여전히 미지수로 남아 있다.

근대는 이에 선행하는(또는 그 외부에 있는) 사회에는 존재하지 않았던 세계에 대해 감정과 이해의 틀을 독자적인 것으로 수 세기 동안 구축해 왔으나 동시에 이러한 근대 외부에 있는 세계관을 전통과 문화유산으로서 자리매김하고 근대를 문명 계보의 연장선에 있는 것으로서 역사적인 정통성을 구축했다. 르네상스는 그와 같은 사건이었고 역학적인 세계관과 기계에 의한 세계의 재편이 수천 년에 걸친 인간과 자연의 관계를 전환시켜 인간이 이해하는 세계를 바꾸어 갔다.

잘 알려져 있는 것처럼 이른바 예술이라 불리는 분야가 종교와 정치로부터 상대적으로 자립한 고유의 영역이 된 것은 근대 이후이다. 그림이 교회의 벽화로서 성서의 교의를 표현하거나 지배자의 초상화일 필요 없이, 더욱이 사실일 필요도 없는 2차원의 평면이라는 제약만이 조건이 되어 표현되게 된 것은 근대에 이르러서이다. 연극이나 음악이나 청중이라는 범주가 성립된 것도 근대였다는 점은 잘 알려진 일이다. 소리의 영성이라고도 할 수 있는 성질은 후퇴하고 신과 노동의 연결성도 희박해졌다. 신과 신화의 세계와 같이 불가시적인 존재를 그려 내는 것이 아니라 인간의 내면에 있다고 여겨지는 감정을 표현하는 것을 통해 존재의 본질을 가시적인 대상으로부터 끊어 내어 자유롭게 재구성할 수 있는 표현의 세계가 열렸다.

이것은 시장 경제가 사람들의 욕망에 특권적인 위치를 부여하고 액자에 평면을 단락 지은 그림은 공간의 소유와 상품화의 시스템 그 자체였고(교회의 벽화를 판매하는 것은 불가능했으나 떼어 낼 수 있는 그림은 쉽게 팔려 나가게 되었다), 악보가 만들어지면서 음악이 시간과 장소를 불문하고 복제될 수 있게 되면서 제례의 음악은 장소와 시간을 선택하는 것과는 반대로 이러한 의례적인 의식을 언제 어디서든 재현 가능한 웅장함으로 전용되어 시장 경제의 향락 시스템에 접속하는 것이 가능해졌다. 학문의 세계에서도 근대사회의 구조에 따라 분업화가 진행되었다.

근대의 개인주의는 철학과 정치학의 발명이 아니라 공동체적인 유대의 위기 속에서 자본주의에 최적의 사회집단의 이상 모델로서 필요해진 인간에게 보편적인 겉모습을 부여하는 것으로서 지식을 요청한 것에 불과하다. 경제학은 시장 경제만을 대상으로 해 왔고 정치학도 국가만을 대상으로 해 왔다. 이것은 이러한 학문이 근대를 초월할 수 없는 한계를 원리적으로 가지고 있다는 의미이기도 한다. 철학도 동일하게 철학자라는 주체(개인주의의 표상이며 데카르트와 스피노자를 포함하는 것이지만)를 파괴할 수 없는 이상 근대를 초월할 수는 없다. 철학이 근본적으로 익명성을 획득하고 고유명으로 환원할 수 없는 것이 될 때 근대성으로부터 일정 정도 해방을 달성하게 될 것이다.

자연과학도 동일하게 역학의 발전도 유전자 정보로 환원되는 생물학도 근대사회의 필요 그 위에 개발된 것으로서 대부분은 일상생활의 세계에서 굳이 필요하지 않은 것이 많지만 근대는 근대 이전의 사회에 있어 이해할 수 없는 세계를 구축함으로써 근대에 의한 세계 지배를 확립하고 '세계는 근대화되어야만 한다!'는 명령에 모두가 무릎 꿇게 되었다.

근대의 외부에서 본다면 불가능한 세계였을지 몰라도 근대의 측에서 본다면 근대의 외부는 근대라는 해독 장치에 의해 번역 가능한 세계이다. 즉 근대는 외부를 번역하여 내부화하는(외부의 지식을 수탈하는) 구조를 개발함으로써 이제까지 세계에 없는 다양성에 기반을 둔 지배를 실현하였다.

꿍꿍

마르크스가 시장 경제는 공동체와 공동체 사이에서 생겨난다고
한 것은 중요한 지적이다. 공동체란 근대 이전의 농촌 공동체와 같
은 사회 제도만을 의미한다고 해석할 필요는 없다. 공동체란 비시
장적인 인간관계이며 가족은 그 전형이라고 볼 수 있으나 그뿐만
아니라 시장의 판매 계약 이외의 관계에 의해 맺어진 인간관계 일
반을 지칭한다. 이러한 공동체는 허상이라 할지라도 동질성에 기반
을 둔 정체성의 공유를 필요로 하는데 시장 경제는 역으로 본질적
으로 어느 것도 가리지 않고 삼켜 버리는 시스템이다.

이 시스템은 새로운 것이나 이질적인 것을 집어 삼키고 시장의 세
포 구석구석으로 밀어 넣는다. 이질적인 공동체 상호 간에 생겨난
마찰이나 모순 그 자체가 이를 매개하는 시장의 활성화 요인이 된
다. 레코드 산업은 신곡을 끊임없이 발매해야 하고 동시에 신곡은
히트곡이 되어 가능한 많은 사람들에게 동일한 곡이 수용되어야만
한다는 이중의 동기를 가지고 있다. 반복적으로 신곡을 발매하면서
도 이것을 반복 재생산하는 기구가 필요한 것이다. 신기한 점은 신
곡이 산업의 내부에서는 창조될 수 없고 대부분은 그 외부에서, 때
로는 서로 다른 문화자원을 채굴함으로써 만들어진다는 점이다. 신

기한 것은 얼마 지나지 않아 더 이상 평범한 것이 되고 또 다른 신기한 무언가를 외부로부터 조달받고자 한다.

반복과 신기함의 조합으로 시장은 유지되고 있다. 신기한 것이 기존의 질서에 대해 위협이 되지 않고 혼동을 일으키지 않는 것은 시장이 신기한 것을 새로운 범주로 분류하여 근대의 가치규범(문화)의 내부에 이를 번역하고 소화하는 강인한 소화기관을 가지고 있기 때문이다. 이것은 서로 다른 문화나 풍속을 가진 공동체와 접촉하고 이러한 공동체 내부의 사물을 공동체 고유의 문맥에서 잘라 내어 별도의 공동체에 상품으로 주입하고 그 공동체의 문화적 규범을 점령한다.

이렇게 시장에 접합된 공동체는 점점 시장으로 매개되는 것뿐만 아니라 시장의 규범에 의해 과잉 결정되고 공동체에 귀속하는 사물의 체계는 시장을 매개로 주입되는 외부의 사물과 접합되어 그 의미가 바뀌어 버린다. 이러한 시장의 장소가 근대의 핵심을 이루게 되는 것이다. 일본 문화도 근대화 과정에서 이렇게 서양에 의해 발견되어 서양이라는 타자를 통해 일본의 사람들과 국가는 자신의 '일본(인)'으로서의 정체성을 구축해 왔다.

자본주의는 이러한 의미를 동반한 본능의 시스템이다. 이것은 간단히 사물로서 사회적인 부에 대한 욕망을 충족시킬 뿐만 아니라 지식이나 감정 등으로 불리는 인간의 비물질적인 측면에 대한 욕망도 충족시키지만 부에 대한 욕망이 죽음을 무릅쓰는 것(식민지 전쟁이나 제국주의 전쟁으로부터 공장 내부 노동자의 죽음에 이르는 수탈까지)을 내포하고 지식이나 과학의 욕망은 죽음을 근대의 정당성에 접합시킨다. 자본과 국가는 삶과 죽음에 대한 욕망의 변증법으로서 이러한 욕망을 구축한다. 근대에 고유한 욕망이 역으로 본능으로서 보편성을 가지게 된다. 근대사회에 있어 개인으로서 인간과 인간의 관계에 내제하는 오이디푸스적 욕망은 이를 설명하는 쉬운 예지만, 여기에는 주체를 둘러싼 인간 이외의 환경과의 관계에 내재되어 있는 욕망도 포함한다.

예를 들면, '해럴드 설즈Harold Frederic Searles'(역주: 1918~, 미국의 정신의학 개척자로 정신분열증 치료를 전문으로 한 정신의학자)가 '비인간적 환경Nonhuman Environmen'이라 부른 '환경'이다. 욕망은 지식과 의미의 구조에 깊이 스며들어 있어 이해되지 않는 것을 자본주의적 질서 안에서 이해할 수 있는 것으로 변환하는 '해석=번역'의 장치를 내재하고 있다. 이것이 자본주의가 16세기 이후 비서구 세계를 식민화하고 그 문화에 접하지 않고서는 부의 축적 그 자체가 불가능한 부의 축적에 한계를 설정하지 않고 외부를 해체하면서 근대화하는 전쟁과 번영의 세계를 지탱해 왔다. 해석의 과학은 인류학, 민족학, 고고학으로부터 언어학, 심리학 등의 광범위한 학문과 불가분한 것으로 형성되었다. 한편 경제학은 시장과 노동으로,

법학과 정치학은 근대국가와 통치의 규범과학으로서 구축되었다.

번영(평화)과 전쟁은 이런 의미에서 동일하며 근대 역사가 시작된 이래 전쟁을 동반하지 않는 번영이 실현된 적은 한 번도 없었다. 이는 기독교가 식민지주의에 부여한 역할과 같은 문명적 사건만을 일컫는 것이 아니다. 아리엘 도르프만Ariel Dorfman(역주: 1942~, 칠레계 미국 문학작가, 칠레 사회민주화 운동에 참여하고 군부 독재에 저항한 경험을 문학 작품으로 발표함)과 아르망 마틀라르Armand Mattelart(역주: 1936~, 벨기에의 사회학자, 칠레의 쿠데타를 계기로 칠레에서 추방당하였으며 미디어와 문화 커뮤니케이션 전공)가 칠레에서 디즈니가 한 역할에 대해 논한 것처럼, 또는 월트 디즈니가 「우리의 친구 원자력Our Friend the Atom」(1957년)에서 원자력을 평화라고 선언한 것처럼 부와 죽음의 표상은 표리일체의 형태로 근대적 세계 지배를 지탱하는 문화였다.

근대 일본 역시 예외가 아니었다. 일본의 자본주의적 발달은 전쟁을 통한 번영으로 성취되었다. 일본이 천황이라는 황당무계한 이야기와 과학기술, 그리고 관료제를 최대로 동원하여 부국강병의 절묘한 조합을 만들어 내고 글로벌 자본주의 중추의 한 축을 담당하기까지 발전한 경위는 우리들에게 익숙한 사실이다. 근대화의 과정에서 일본 문화라는 허구가 구축되는 한편, 그 주변에는 죽음이 배치되었다. 제2차 세계대전 이전과 전쟁 중의 구조뿐만 아니라 헌법 제

9조 역시 아시아 전쟁을 경제적인 번영으로 매개하는 역할을 담당했고 일본인의 우월성이나 평화로운 민족이라는 신화 구축에 가담해 왔다. 우리들 일본인에게 헌법 제9조가 평화의 메타포라면 아시아 민중에게 헌법 제9조는 전쟁과 경제 제국주의의 또 다른 이름에 지나지 않는다.

❧

사회의 다수가 자연스럽게 받아들이는 문화는 그 다수가 갖는 문화적 정체성의 의식적 구성 요소가 아니라 다수를 둘러싸고 있는 환경이며 인간적인 자연이다. 근대화가 수세대 진행된 사회의 경우 인간은 근대적인 환경 속에서 자라나게 된다. 출생 직후의 인간이 최초로 접하는 인간은 일반적인 타인이 아니라 근대적 가족의 구성원인 어머니 또는 아버지이고 병원이라는 제도에 속한 조산사나 의사이다. 아이들을 둘러싼 사물의 세계는 대부분이 시장 경제로부터 조달된 것들이다. 스누피 인형, 텔레비전의 애니메이션뿐만 아니라 의식주 대부분은 상품의 흔적을 지닌 사물로 이루어져 있다.

이러한 환경이 객관적인 근거 없이 사람들의 다수 의식 또는 보통 의식을 구성한다. 개개인에게 있어 지배적 문화란 이런 형태로 구성된다. 이 가운데 아이들은 자기를 외부로부터 분리하고 사람과 사물을 구별하면서도 자기로부터 '외화=소외됨'으로써 시장 경제가 지배적인 사회의 혼돈으로부터 간신히 자기를 형성하고 방위한다. 이렇게 형성된 자기(자아)와 외부 사이에 세계의 질서로 보이는 것을 구축하는 것이 문화의 역할이다. 문화는 은유와 환유의 세계로서, 또는 기호와 표상 등으로 불리는 세계로서, 언어의 질서에 환원되지 않은 사건을 포함할 수 있는 것으로서 기능한다.

문화는 혼돈의 외부와 분리시키는 벽이기 때문에 이러한 분리가 불충분하거나 붕괴되면 자아는 혼돈 속에 빠지고 만다. 외부가 자아와 직접 통합되는 것이다. 자크 라캉이나 들뢰즈, 가타리가 기계라 명한 주체의 상태는 기계에 접합된 자기라는 근대사회 고유의 모순을 표출한 것이었다. 지배적인 문화는 단순히 사람들의 외부에 있는 다양한 표상으로 환원되지 않고 사람들의 성격에 출생 시점부터 새겨진 의식(내가 신체성이라 부르는 것)에 포함된 것이다.

그러나 이것은 숙명적인 것도 생득적이거나 변경이 불가능한 것도 절대 아니다. 오히려 역으로 지배적인 문화를 자연적인 것이 아니라 지배적인 것으로 의식화하고 비지배적인 문화의 존재가 자각화된 자아로부터 소외되어 분리되는 것은 언제든지 가능하다. 왜냐하면 문화적인 환경이 순수한 지배적 문화에 의해 구성된다는 것은 불가능하기 때문이다.

이러한 의미에서 지배적 문화란 사회 질서(그 중심을 이루는 것은 시장과 국가이다)에 위반되지 않는 것이면 문제없고, 자유와 평등과 같은 근대주의의 기본적인 이념, 내셔널리즘, 기업, 가족 제도에 대한 가치관이나 도덕이다. 지배적 문화 그 자체가 총체로서 모순이 없는 전체를 형성하고 있는 것은 아니다. 오히려 수많은 모순을 포함하면서도 이 모순의 임계영역이 지배적인 질서의 한계를 만들어 낸다. 법은 가시적인 경계를 형성하지만 오히려 내셔널리즘과 같은 감정적인 공동성이 그 임계영역을 형성한다. 대부분의 경우 민족적 우열의 순위를 다투는 문화 이벤트(올림픽과 같은 스포츠, 베네치아 비엔날레와 같은 국가별 예술제 등)에 의해 자극되기도 하고 다른 한편으로는 평등의 이념에는 국가 간 우열과 민족차별을 부정하는 가치관이 포함되어야 하지만 실제로는 그렇지 않고 타자를 배제하는 형태로 '우리들 사이의 평등'만이 논의의 도마에 오른다. 여기에 시장과 국가를 기축으로 하는 근대의 자유와 평등의 결정적인 한계가 있다. 문화는 이 한계를 감정의 수준에서 공감으로 이끄는 틀이 된다.

19세기부터 20세기 초반의 제국주의 시대에는 자본주의 국가가 상호 적대관계를 이루고 전쟁을 일으켰다. 전쟁은 지배적인 문화의 내부에서 일어난 것이다. 자본주의로서의 공통성보다 국가로서의 특이성이 우위를 점하고 자본주의로서의 패권을 폭력으로 결착 짓는 것이었다. 전쟁을 사전에 막을 수 없었던 것은 이러한 근대 시장과 국가가 구축한 죽음의 욕망에 기반을 둔 문화에 저항하는 문화를 구축하지 못했기 때문에 민중의 감정을 전쟁으로 표출한 죽음의 욕망으로부터 분리되는 것에 실패했기 때문이다. 냉전기는 자본주의라는 공통성이 아니라, 자본주의인가 사회주의인가라는 사회 체제의 선택이 대립의 축을 형성하였으나, 20세기의 사회주의가 패배한 것은 문화적 상상·창조력에 있어 자본주의에 줄곧 기생해 왔기 때문이다. 비판의 문화 이상의 것을 창조하지 못했기 때문이다. 시장이 상품의 사용 가치에 주입한 허상의 세계에 패배한 것이다.

정치나 경제와는 달리 좌익에게 있어 문화는 비판에 의해 완결되지 않는다. 공공 부문의 민영화와 복지나 사회보장의 분리 정책, 불안정한 고용과 빈곤 등을 가져온 원인을 비판적으로 분석하는 것은 좌익의 사회과학이 달성해야 할 중요한 과제이며 그 자체가 새로운 사회 제도를 만들어 내지는 못한다 할지라도 비판으로서의 유효성이 사라지는 것은 아니다. 그러나 마르크스가 『자본론』에서 철저히 비판하여 창안해 낸 가치론의 세계('노동가치설=과잉가치'에 대한 논의는 지배적인 아카데미즘에서는 이해할 수 없는 것으로 남아 있다)가 자본주의의 인식을 뿌리부터 바꾼 것처럼 비판 그 자체가 새로운 상상·창조적인 것이어야 한다는 점이 대전제가 된다.

문화영역은 그 자체가 창조적인 행위의 영역이며 비판이 새로운 표현을 매개로 한 문화의 해체적 구축에 이어지지 않는 한 이것은 어떠한 의미도 갖지 않는다. 형식이 문화에 있어 중요한 것은 문학, 미술, 음악, 연극, 영화와 같은 근대 문화를 지탱해 온 범주가 근대성과 불가분의 관계에 있기 때문이고 오히려 주제가 문제되는 것은 아니다. 이들 문화의 주제가 프롤레타리아적인가 아닌가가 아니라 이러한 양식 그 자체를 전제로 하는 것이 지배적인 문화 그 자체이므로 이 범주에 의존하지 않는 것이 어떻게 가능한가 하는 문제이다.

앞에서 살펴본 문화로서의 문화를 예시로 든다면 오히려 이해하기 어렵지만 복장과 요리, 주거와 같은 일상생활을 생각해 보면 확실해진다. 의복을 입는 것과 화이트칼라라는 직업 사이의 관계는 옷의 스타일을 빼고서는 성립될 수 없듯이, 일상생활은 스타일의 그물망을 통해 생활문화의 의미가 구성된다. 이러한 모든 사물의 연쇄를 떼어 내어 알몸의 인간을 상정한다고 해도 언어와 몸동작, 표정과 같은 스타일을 빼앗을 수는 없다. 말할 것도 없이 자본주의적인 문화 양식은 이러한 팽대한 사물이 인간에 있어 의미의 집적으로서 표현되는 것이다.

좌익이라는 입장은 이러한 문화를 비판하는 입장일지라도 비판, 그 자체가 새로운 스타일을 창조하는 것 그 자체를 의미하지는 않는다. 19세기까지 사회주의와 공산주의는 장래사회에 대한 구상력에 그 현실성을 맡겼으나 20세기 좌익은 러시아 혁명을 계기로 현실에 있는 사회주의가 될 만한 것을 전제로 장래사회에 대한 창조력을 억압(금욕)하고 스타일의 창조를 포기하였다. 비판의 문화는 있지만 창조의 문화는 과연 얼마나 남겨 놓았는가? 혁명의 고고학은 이런 의미에서 어떤 종류의 가능성을 남겨 놓기는 했으나 오히려 여전히 불가능한 것, 고고학이 아닌 유토피아가 필요한 것만은 틀림없다. 그러나 문제는 유토피아적 상상·창조력이 아니라 그곳에 다다르고자 하는 과정 그 자체가 유토피아라는 점이다.

출전: 「impaction」 195호 2015년 6월

참고문헌

제1장

롤랑 바르트, 김주환·한은경 옮김, 1997, 『기호와 제국』, 민음사, 40-41.

베네딕트 앤더슨, 서지원 옮김, 2018, 『상상된 공동체: 민족주의의 기원과 보급에 대한 고찰』, 도서출판 길, 65-66.

제2장

다바타 마사지, 1962, 「대회의 상징」, 다바타 마사지 편, 『도쿄올림픽』, 올림픽도쿄대회 조직위원회, 1962년 2월 25일호. (田畑政治, 1962, 「大会の象徴」, 田畑政治編, 『東京オリンピック』, オリンピック東京大会組織委員会, 1962年 2月 25日号.)

올림픽도쿄대회조직위원회, 1963, 『도쿄올림픽』, 올림픽도쿄대회조직위원회, 1963년 2월 25일호. (オリンピック東京大会組織委員会, 1963, 『東京オリンピック』, オリンピック東京大会組織委員会, 1963年 2月 25日号.)

문부성, 1963, 『올림픽 독본: 고등학교·청년학급 대상』, 문부성. (文部省, 1963, 『オリンピック読本: 高等学校·青年学級向け』, 文部省.)

노게 카즈키, 1998, 「리뉴얼된 히노마루·천황」, 아마노 야스카즈 편, 『당신은 올림픽을 시청했습니까?』, 사회평론사. (野毛一起, 1998, 「リニューアルされた日の丸·天皇」, 天野恵一編, 『きみはオリンピックをみたか』, 社会評論社.)

일본방송협회방송여론조사소, 1967, 『도쿄올림픽』, 일본방송협회방송여론조사소. (日本放送協会放送世論調査所, 1967, 『東京オリンピック』, 日本放送協会放送世論調査所.)

제4장

니시다 키타로, 1940, 『일본문화의 문제』, 이와나미신쇼. (西田幾多郎, 1940, 『日本文化の問題』, 岩波新書.)

와타나베 오사무, 1990, 『전후 정치사 속의 천황제』, 아오키쇼텐. (渡辺治, 1990, 『戦後政治史の中の天皇制』, 青木書店.)

후지타니 다카시, 2003, 「상징천황제의 미래에 대해」, 캐롤 글럭 외, 『일본은 어디로 가고 있는가』, 코단샤. (フジタニタカシ, 2003, 「象徴天皇制の未来について」, キャロル·グラック外, 『日本はどこへ行くのか』, 講談社.)